中国可再生能源产业发展报告

国家可再生能源中心
国家发展和改革委员会能源研究所可再生能源发展中心 ◎编著

CHINA RENEWABLE ENERGY INDUSTRY DEVELOPMENT REPORT

2018

中国经济出版社
CHINA ECONOMIC PUBLISHING HOUSE
北京

图书在版编目（CIP）数据

中国可再生能源产业发展报告．2018/国家可再生能源中心，国家发展和改革委员会能源研究所可再生能源发展中心编著．—北京：中国经济出版社，2018.10

ISBN 978－7－5136－5370－1

Ⅰ.①中… Ⅱ.①国… ②国… Ⅲ.①再生能源—能源发展—研究报告—中国—2018 Ⅳ.①F426.2

中国版本图书馆CIP数据核字（2018）第220905号

责任编辑　姜　静
责任印制　马小宾
封面设计　华子图文

出版发行　中国经济出版社
印 刷 者　北京艾普海德印刷有限公司
经 销 者　各地新华书店
开　　本　787mm×1092mm　1/16
印　　张　12.75
字　　数　193千字
版　　次　2018年10月第1版
印　　次　2018年10月第1次
定　　价　98.00元
广告经营许可证　京西工商广字第8179号

中国经济出版社　网址 www.economyph.com　社址 北京市西城区百万庄北街3号　邮编 100037
本版图书如存在印装质量问题，请与本社发行中心联系调换（联系电话：010－68330607）

前　言

“十三五”是我国实现全面建成小康社会奋斗目标、全面推进深化改革和依法治国的关键时期，是加快转变经济发展方式的重要战略机遇期，同时也是中国能源转型发展的关键期。从国内经济发展情况看，在经济新常态下，我国能源需求呈整体下降趋势，经过30多年高强度发展，煤炭和电力行业的产能开始出现结构性过剩，我国能源可持续发展和环境保护形势依然严峻，能源发展的方向将不得不转向提高可再生能源在能源消费中的比重，构建清洁、高效、低碳的现代能源体系以及推动能源生产和消费革命上来。

从当前国际形势看，全球气候变化、地缘政治、能源技术创新等因素将对国际能源形势产生广泛影响，世界绝大多数国家重申落实已生效的《巴黎协定》，能源生产、供应、消费的利益格局必将在未来发生深刻调整和变化，全球范围的能源转型行动也将加速推进。

从国内来看，习近平主席提出的“四个能源革命和一个国际合作”战略思想正在逐步贯彻落实。我国陆续发布了《能源生产和消费革命战略》《能源发展“十三五”规划》《可再生能源发展“十三五”规划》等系列战略和规划纲领性文件，强调坚持创新、协调、绿色、开放、共享的发展理念，要求2020年、2030年非化石能源占能源消费总量比重分别达到15%和20%左右，新增能源需求主要依靠清洁能源满足，现代能源市场体制更加成熟完善；展望2050年，能源消费总量基本稳定，非化石能源占比超过一半，建成现代能源体系，保障实现现代化。“十三五”期间，要完善促进可再生能源产业发展的政策体系，统筹各类可再生能源协调发展，切实缓解弃水弃风弃光问题，加快推动可再生能源分布式应用，大幅增加可再生能源在能源生产和消费中的比重，加速对化石能源的替代，在规模化发展中加速技术进步和产业升级，促进可再生能源布局优化和提质增效，加快推动我国能源体系向清洁低碳模式转变。

2017年，党的十九大报告要求建设富强、民主、文明、和谐、美丽的社会主义现代化强国。为此，应牢固树立社会主义生态文明观，推动形成人与自然和谐发展现代新格局，牢固树立和践行“绿水青山就是金山银山”的理念，打好污染防治攻坚战。其中，重点任务之一就是调整能源结构，壮大清洁能源产业。2018年两会以来，习近平主席在中央财经委员会第一次会议上强调要调整能源结构、减少煤炭消费、增加清洁能源使用；在全国生态环

境保护大会上提出要全面推动绿色发展，绿色发展是构建高质量现代化经济体系的必然要求，是解决污染问题的根本之策。

上述发展形势要求我国在“十三五”期间按照能源转型的既定方向，把能源革命的战略思想切实落实到若干具体行动当中，优先发展可再生能源，在总结“十二五”产业发展经验和充分认识所面临问题的基础上，提出相应的发展目标和保证目标实现的政策措施。2018 年《中国可再生能源产业发展报告》的起草工作正是在以上认识的基础上组织开展的。

本报告继续沿用《中国可再生能源产业发展报告 2017》的整体结构和风格，但更加注重可再生能源发展的形势、热点问题和发展前景的分析。在报告的起草过程中，国家发展和改革委员会能源研究所副所长、国家可再生能源中心主任王仲颖给予了指导，国家可再生能源中心任东明副主任和赵勇强副研究员负责报告的总体策划、工作协调。

本报告的编写分工如下：第 1 章，韩雪、赵勇强；第 2 章，袁婧婷；第 3 章，刘建东；第 4 章、第 5 章，孙培军；第 6 章，窦克军；第 7 章、第 8 章，张成强；第 9 章，钟财富；第 10 章，时璟丽、赵勇强（第 10.1 节），陶冶（第 10.2 节），郑雅楠（第 10.3 节），孙培军（第 10.4 节），刘建东（第 10.5 节）；第 11 章，王仲颖等；附录，郭晓雄。任东明和赵勇强负责报告全文的审阅，任东明和王卫负责统稿，侯文森负责图表制作。

本报告编写过程中，国家能源局新能源司给予了指导，中国可再生能源学会风能专委会、中国光伏行业协会、中国农业机械工业协会风能设备分会

等单位提供了大量资料和数据，英国儿童投资基金会（Children’s Investment Fund Foundation，CIFF）和能源基金会（The Energy Foundation，EF）给予了资金方面的支持，中国经济出版社在报告出版方面给予了很多帮助。我们对上述部门和单位提供的帮助表示感谢，同时也对本报告参考文献的来源机构和相关作者表示感谢！

由于报告起草时间安排比较仓促，其中的内容必然存在不完善之处，提出的观点可能存在偏颇，因此该报告也只能称为美芹之献了。我们诚挚希望得到来自各界的批评和建议，以便进一步改进我们的工作。

《中国可再生能源产业发展报告2018》编委会

2018年8月

目录 Contents

图目录

表目录

1 可再生能源发展综述

1.1 总体发展形势

能源是人类社会发展的物质基础，能源安全是国家安全的重要组成部分。当前，世界能源格局和供求关系发生深刻的变化，能源低碳、清洁化发展已经成为全球能源发展的重要特征，以可再生能源为代表的非化石能源发展成为世界能源供应体系的重要组成部分和许多国家推进能源转型的核心内容以及应对气候变化的重要途径，也是我国深入推进能源生产和消费革命、推动能源生产和利用方式变革的重要技术措施。可再生能源的发展，已从过去个别国家、部分地区逐步扩展成为全球各国的一致行动。到 2017 年底，全球共有 179 个国家设定了可再生能源发展目标，其中 146 个国家设定了可再生能源电力发展目标，57 个国家的目标为 100% 可再生能源电力。2016 年签署的《巴黎协定》已于 2016 年 11 月正式生效。截至 2017 年底，共有 178 个国家就减少温室气体排放、控制全球温度升高提出了自主贡献目标。

随着我国经济发展进入新常态、能源结构调整加快，我国能源发展已进入从总量扩张向提质增效转变的全新阶段。当前和今后，中国面临的紧迫任务是切实推动能源生产和消费革命，加快调整以化石能源为主的能源结构，进一步扩大清洁能源的开发利用规模，建设社会主义生态文明。

2017 年以来，生态文明建设和绿色发展越来越成为我国发展的重要内容和特征。党的十九大报告要求牢固树立社会主义生态文明观，推动形成人与自然和谐发展现代新格局，必须树立和践行“绿水青山就是金山银山”的理念，对生态文明建设做出了全面部署。2017 年末的中央经济工作会议也将“环保和污染防治”明确为 2018—2020 年三大工作目标之一，大幅减少主要污染物排放总量，调整能源结构，壮大清洁能源产业，服务生态文明建设。2018 年 5 月召开的全国生态环境保护大会上，习近平总书记再次深刻阐述了加强生态文明建设的重大意义，明确提出必须坚持加强生态文明建设的重要原则，对加强生态环境保护、打好污染防治攻坚战做出了全面部署。

为壮大清洁能源产业，保障可再生能源高质量发展，国家发展改革委、国家能源局更加注重通过建立和完善政策机制，引导可再生能源产业持续健康发展。

继续实施目标引领和监测机制，引导可再生能源产业高质量发展。2016 年 2 月，国家能源局发布的《关于建立可再生能源开发利用目标引导制度的指导意见》（国能新能〔2016〕54 号）提出，要依据各地区可再生能源资源状况和能源消费水平，制定各省（区、市）一次能源消费总量中可再生能源消费比重指标，以及全社会电力消费量中可再生能源电力消费比重指标。在监测方面，国家能源局于 2016 年 8 月、2017 年 4 月和 2018 年 5 月先后发布了 2015 年度、2016 年度和 2017 年度全国可再生能源电力发展监测评价报告，监测评估了各省（区、市）全部可再生能源电力消纳情况和非水可再生能源电力消纳情况、风电和光伏发电保障性收购落实情况、特高压线路输送可再生能源情况、国家清洁能源示范省区情况等。

推动可再生能源理性投资，落实可再生能源全额保障性收购制度。按照 2016 年 3 月国家发展改革委、国家能源局发布的《可再生能源发电全额保障性收购管理办法》，在2016年5月核定了部分存在弃风、弃光问题的地区规划内的风电、光伏发电最低保障收购年利用小时数，要求严格落实规划内的风电、光伏发电保障性收购电量，落实优先发电、优先购电相关制度的有关要求，确保最低保障收购年利用小时数以内的电量以最高优先等级优先发电。与此同时，建立了风电投资监测预警机制和光伏发电市场环境监测评价机制，《国家能源局在关于发布2018年度风电投资监测预警结果的通知》（国能发新能〔2018〕23号）和《国家能源局关于建立市场环境监测评价机制引导光伏产业健康有序发展的通知》（国能发新能〔2017〕79号）依据弃风、弃光严重程度分别对2018年各地区风电和光伏发电的并网和建设规模进行控制。通过控制弃风、弃光严重的地区新建项目的计划以及建设和并网节奏，更好地引导风电光伏企业的理性投资和可再生能源电力高效利用。

制定实施方案并推进解决弃水弃风弃光问题。2017年11月，国家发展改革委和国家能源局组织制定了《解决弃水弃风弃光问题实施方案》。该方案提出目标：2017年弃水弃风弃光状况明显缓解，2020年在全国范围内有效解决弃水弃风弃光问题。明确通过优先发电购电计划，可再生能源电力配额制，优化运行调度（“低碳调度”），优先建设和充分利用跨省跨区输电通道输送可再生能源能力等电网规划运行机制，以及电源和需求侧的煤电灵活性改造、风电供暖、电力市场化交易推动消纳（辅助服务市场、自备电厂替代性交易）等方式，多管齐下，完善可再生能源开发利用机制，全面树立能源绿色消费理念，力争有效解决弃水弃风弃光问题。2017年初至2018年上半年，全国弃水弃风弃光持续实现“双降”。

探索可再生能源绿色电力证书制度和其他电力市场化条件下的配套机制。2017年1月，国家发展改革委、财政部、国家能源局发布《关于试行可再生能源绿色电力证书核发及自愿认购交易制度的通知》

（发改能源〔2017〕132号），于2017年7月启动绿色证书自愿认购交易。截至2018年6月底，全国共认购29314张风电绿证和150张光伏绿证。风电绿证的平均成交价格为183.7元，光伏绿证的平均成交价格为667.1元。随着电力体制改革的逐步推进和市场化机制的逐步建立，未来市场化电力定价机制当中可再生能源的定价和补贴机制也将向市场化方式转变。为实现非化石能源消费比重目标和可再生能源开发利用目标，要建立可再生能源绿色证书交易机制，通过绿色证书市场化交易补偿新能源发电的环境效益和社会效益，逐步将现行差价补贴模式转变为定额补贴与绿色证书收入相结合的新型机制。《解决弃水弃风弃光问题实施方案》中明确提出了配额制，要完善可再生能源电力绿色证书及交易机制，形成促进可再生能源电力生产和消费的新发展模式。

可再生能源发展模式发生调整，分布式可再生能源成为重要发展模式，高质量替代高速度成为重要特征。2017年3月，国家能源局发布《关于开展分布式发电市场化交易试点的通知》，2017年5月发布《关于加快推进分散式接入风电项目建设有关要求的通知》，2018年3月至4月又连续发布《分布式发电管理办法（征求意见稿）》《分散式风电项目开发建设暂行管理办法》《分布式光伏发电项目管理办法（征求意见稿）》和《关于完善光伏发电建设规模管理的意见》等文件，促进分布式发电市场化交易的同时规范分布式可再生能源发电项目。2018年5月，国家发布的《关于2018年光伏发电有关事项的通知》对分布式光伏过快过热发展进行了约束。分布式可再生能源发展未来需要从高速度向高质量转变，以更加匹配当地的负荷情况，因地制宜，发挥分布式模式的优势，成为大规模集中式的有力补充。

继续组织实施光伏领跑者计划和风电平价上网示范项目，推动技术进步和成本下降。2017年7月，国家能源局《关于可再生能源发展“十三五”规划实施的指导意见》指出，2017—2020年下达普通地面指标54.5吉瓦，每年安排不超过8吉瓦光伏“领跑者”指标。2017年共计下达6.5吉瓦的“领跑者”计划。“领跑者”计划旨在为已实现批量制造且技术领先的光伏产品提供市场支持，并为尚未批量制造的前沿技术和突破性技术产品提供应用空间，推动整个光伏产业的技术更新和成本下降。在风电方面，根据《国家能源局综合司关于开展风电平价上网示范工作的通知》（国能综通新能〔2017〕19号）的要求，2017年9月，国家能源局公布了河北、黑龙江、甘肃、宁夏、新疆相关省（区）风电平价上网示范项目，总规模为70.7万千瓦；要求示范项目的上网电价按当地煤电标杆上网电价执行，所发电量不核发绿色电力证书，在本地电网范围内消纳。为反映成本下降趋势，2018年风电和光伏新建项目上网标杆电价均较2017年进行了下调。

大力开展北方地区清洁能源供暖，因地制宜推动可再生能源供热。2016年12月，习近平主席在主持中央财经领导小组第十四次会议时强调，推进北方地区冬季清洁取暖是能源生产和消费革命、农村生活方式革命的重要内容，要尽可能利用清洁能源，加快提高清洁取暖比重。李克强总理在2017年政府工作报告中指出，坚决打好蓝天保卫战，全面实施散煤综合治理，推进北方地区冬季清洁取暖，完成以电代煤、以气代煤改造300万户以上，全部淘汰地级以上城市建成区燃煤小锅炉。国家能源局新能源和可再生能源司2017年3月发布了《促进可再生能源供热的意见（征求意见稿）》，提出到2020年，全国可再生能源取暖建筑面积达到35亿平方米，可再生能源供热总计约1.5亿吨标准煤。2017年5月，财政部、住房和城乡建设部、环境保护部、国家能源局联合启动中央财政支持北方地区冬季清洁取暖试点工作，重点支持京津冀及周边地区大气污染传输通道“2+26”城市的工作。2017年12月，国家发展改革委、国家能源局等十部委共同印发了《北方地区冬季清洁取暖规划（2017—2021）》，引导北方地区供暖清洁化发展，减少因供暖产生的空气污染。截至2017年底，京津冀及周边地区28个城市，已有超过400万户居民通过各种方式实现了清洁取暖。

1.2　产业发展现状及“十三五”中期评价

随着我国全面贯彻实施能源革命战略、不断完善可再生能源发展政策，2017 年可再生能源产业继续保持快速稳步发展，技术和产业模式创新进度加快，装机规模和发电量创出新高，持续推动能源结构调整优化，非化石能源占比稳步提升。2017 年，我国商品化可再生能源的供应总量（各类发电、供气和生物液体燃料）约合 5.4 亿吨标准煤，约占全部能源消费比重的 12%。可再生能源发电总装机容量从 2015 年的 5.0 亿千瓦增加到 2017 年底的 6.5 亿千瓦，在全国总发电装机容量中的比重从 2015 年 33.1% 增加到 2017 年的 36.6%；2017 年可再生能源总发电量为 64179 亿千瓦时，在全部发电量中的比重也从 2015 年 24.4% 增加到 26.5%。风电、太阳能发电量在内蒙古、甘肃、青海等地发电量中的比重均超过了 10%，成为当地重要的新增电源。2005—2017 年中国可再生能源装机容量和 2007—2017 年中国可再生能源发电量如图 1－1 和图 1－2 所示。

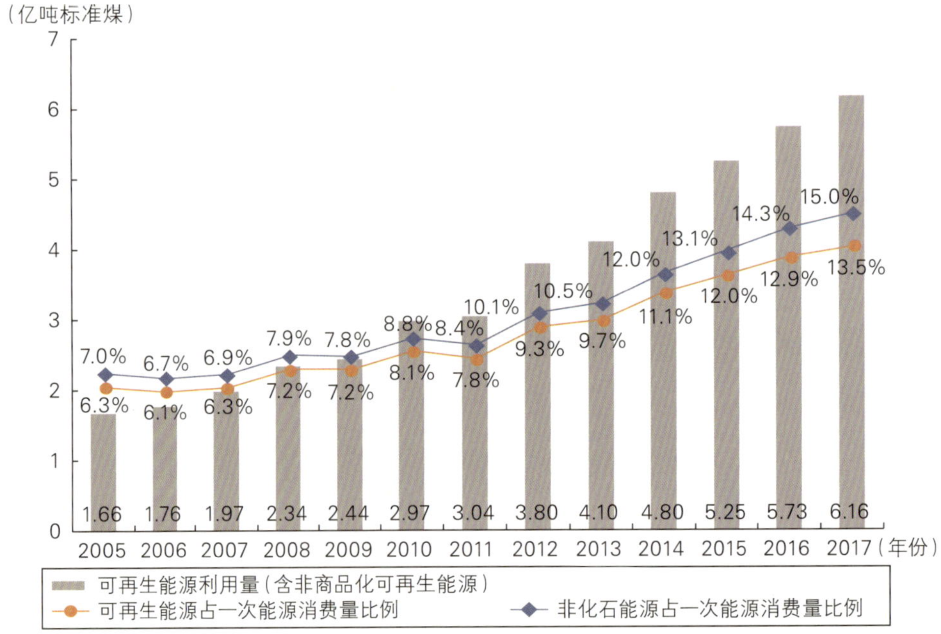

图 1－1　2005—2017 年中国可再生能源装机容量

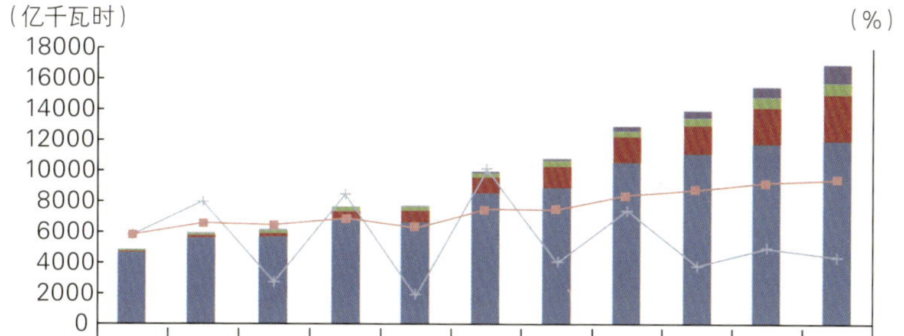

	2007	2008	2009	2010	2011	2012	2013	2014	2015	2016	2017（年份）
地热海洋能发电	1	1	1	1.46	1.46	1.46	1.5	1.5	1.5	1.5	1.5
太阳能发电（并网）	0.606	0.84	1.704	5.184	17.604	41	84	233	385	674	1182
生物质发电	97	147	207	248	275	300	370	444	527	547	794
并网风力发电	57	114	249	490	715	1028	1383	1599	1853	2420	3057
水电	4714	5655	5717	6867	6681	8556	8921	10601	11117	11748	11945
合计	4870	5918	6176	7611	7690	9926	10760	12879	13883	15490	16979
可再生能源发电量年增长率（%）	14.7	21.5	4.4	23.2	1.0	29.1	8.4	19.7	7.8	11.6	9.6
可再生能源发电量占总发电量比例（%）	14.9	17.1	16.8	18.0	16.3	20.0	20.1	23.1	24.4	25.7	26.5

图 1－2　2007—2017 年中国可再生能源发电量

数据来源：中电联电力工业统计资料汇编，国家能源局

然而，可再生能源发展也面临着生态文明、能源生产和消费革命理念尚未全面落地，电力转型和体制改革进入深水期，新能源成本相对化石能源和国际领先水平仍然偏高，可再生能源与终端用能部门融合不足等挑战；弃风弃光、补贴资金缺口、终端应用滞后供给能力等问题依然较为突出。

1.2.1　“十三五”中期评价

表 1－1　可再生能源和电力发展“十三五”规划 2017 年完成情况

类型	利用规模			年产能量		
	单位	规划目标	2017 年情况	单位	规划目标	2017 年情况
发电	万千瓦	67500	—	亿千瓦时	19045	—
水电（不含抽蓄）	万千瓦	34000	31250	亿千瓦时	12500	11649
并网风电	万千瓦	21000	16367	亿千瓦时	4200	3057

续表

类型	利用规模			年产能量		
	单位	规划目标	2017 年情况	单位	规划目标	2017 年情况
光伏发电	万千瓦	10500	13025	亿千瓦时	1245	1182
太阳能热发电	万千瓦	500	2. 38	亿千瓦时	200	
生物质发电	万千瓦	1500	1488	亿千瓦时	900	794
生物天然气	—	—	—	亿立方米	80	—
供热	—	—	—	—	—	—
太阳能热水器	万平方米	80000	47800	—	—	—
地热能热利用	万平方米	160000	—	—	—	—
生物质能供热	万吨标准煤	1500	—	—	—	—
生物液体燃料	—	—	—	—	—	—
生物燃料乙醇	万吨	400	260	—	—	—
生物柴油	万吨	200	60	—	—	—
电动汽车保有量	万辆	500	153	—	—	—
分散式充电桩	万个	480	44. 6	—	—	—

如表 1 -1 所示，截至 2017 年底，常规水电、风电、生物质液体燃料与规划基本相符，按照目前的发展节奏和规模，预计 2020 年可完成“十三五”规划目标；光伏发电发展规模已超过“十三五”规划末期目标；生物质能发电接近完成“十三五”规划末期目标；太阳能热发电、太阳能热利用、生物天然气、生物质能供热、地热发电装机和分散式充电桩规模发展速度较为缓慢，若没有更加强有力的政策推动和投资环境的改善，预计将无法完成“十三五”规划目标；与此同时，电动

汽车保有量尽管快速上升，但按照当前增速实现2020年目标仍有一定困难。

1.2.2 水电

水电依然是我国最大的清洁能源。2017年，全国新增水电并网容量1287万千瓦，其中抽水蓄能新增装机容量200万千瓦。截至2017年底，全国全口径水电累计并网容量达到34119万千瓦，同比增长2.7%。受2017年降水量大幅下降等因素影响，来水呈现前低后高特征，全国全口径水电发电量11945亿千瓦时，同比增长1.7%，增速连续三年下滑；平均利用小时数为3579小时，同比减少40小时。

2017年，全国弃水电量约515亿千瓦时，其中四川156亿千瓦时、云南288亿千瓦时、广西50亿千瓦时。国家发展和改革委员会同各地相关部门和电力企业大力推进电力市场化交易，促进水电消纳，完成西南水电送出2638亿千瓦时，同比增长10.2%。

水电发展进入转型升级关键时期，破解弃水难题、调整发展思路是水电行业面临的重大课题。

抽水蓄能电站因其运行调节灵活的特性在可再生能源友好型、灵活和安全性的电力系统中扮演着重要的角色。截至2016年底，全国抽蓄电站装机容量2669万千瓦。在《电力发展“十三五”规划》中，计划“十三五”期间新投产1700万千瓦左右，2020年装机容量达到4000万千瓦。

1.2.3 风电

2017年，全国新增风电装机并网容量1503万千瓦，同比下降22%。从新增装机分布看，风电开发继续保持向中东部和南方地区转移的特征。截至2017年底，全国风电累计并网容量达到16367万千瓦，同比增长10.1%，其中海上风电累计并网容量202万千瓦，同比增长37%，位于江苏省、上海市和福建省。当年全国风电发电量为3057亿千瓦时，同比增长28%。2017年，全国总弃风电量422亿千瓦时，同比减少78亿千瓦时，弃风率12%，同比下降5.2个百分点，实现弃风电量和弃风率“双降”，大部分弃风限电严重地区的形势均有所好转。

风电制造业竞争更加激烈，市场整体下滑明显，市场集中度进一步提高。2017年新增吊装装机容量1966万千瓦，排名前五的风电机组制造企业市场份额达到67%，较2016年提高约7个百分点。大容量机组发展继续加快，海上风电制造和吊装技术取得突破性进展，风电设备出口规模和新增市场也快速增加，风电服务业正逐步发展成为风电产业的重要组成部分。

2017年，我国风电政策始终坚持引导地区平衡发展，以解决弃风限电、推动风电市场化发展为方向进行了多种尝试。2017年7月，国家能源局印发《关于可再生能源发展“十三五”规划实施的指导意见》，以保证不造成新的弃水弃风弃光问题为主要目的，在可再生能源项目的规划目标引导、布局、电网接入和市场消纳条件、技术进步和降低成本方面对可再生能源项目规划和落实提出了具体有针对性的意见。国家能源局发布了《关于加快推进分散式接入风电项目建设有关要求的通知》和《关于公布风电平价上网示范项目的通知》，分别通过创新开发模式和推动成本下降等方式促进风电行业高质量发展。2017年11月，国家能源局发布了《解决弃水弃风弃光问题实施方案》，明确了解决弃水弃风弃光的具体措施，从政策机制、电网规划运行和电源和负荷规划控制等方面提出了解决思路。与此同时，随着电力市场改革的推进、各类多能互补和风电供暖项目的开展，以及加快推进分散式接入风电项目的建设、当地火电灵活性技术改造、跨省跨区电力调度和大型基地配套电网的投运，弃风限电现象将有望持续好转。

1.2.4 太阳能

2017年全国光伏发电新增装机容量继续创历史新高，全年新增装机容量5306万千瓦，同比增长54%，位居全球第一，全球市场占比超过50%。全国光伏发电累计装机容量1.3亿千瓦 。从发展模式来看，分布式光伏在2017年呈现爆发式增长，新增装机容量达到1944万千瓦，同比增长3.7倍。从分布来看，受市场和政策引导，光伏发电市场重心加速向中东部转移，累计装机容量在全国占比有一定提升，布局更趋于合理。2017年，光伏发电量达到1182亿千瓦时，同比增长79%，占全国总发电量的1.8%，同比提高0.7个百分点。全国弃光率和弃风电量实现双降，2017年平均弃光率为7%，同比下降4个百分点，弃光电量73亿千瓦时，同比减少2亿千瓦。

光伏产品技术水平继续大幅提升，单晶及多晶电池片产业化效率稳步提高，组件、模块和材料产业化规模持续扩大，集中度不断提高，受供求关系影响，上半年价格略有回升，下半年持续下降。单晶及多晶电池片产业化效率分别从2010年的18%和16.5%提升到2017年的20.2%和18.6%，以多晶黑硅、多晶黑硅叠加PERC、单晶PERC为代表的单多晶高效电池转换效率分别达到21.3%和19.2%。光伏电站标杆电价持续下调，2018年及以后投运的上网电价自2013年以来第三次下调，较2013年下降了39%。2018年5月，国家发展改革委、财政部、能源局《关于2018年光伏发电有关事项的通知》（发改能源〔2018〕823号）再次对标杆上网电价进行调整，并对分布式光伏发展过热进行了规范，限制了分布式光伏发电规模。光伏发电“领跑者”计划自2016年第一次实施以来效果明显，招标电价较同地区标杆电价水平显著下降，有效解决了路条买卖问题，挤出了地方和部门加在光伏发电项目上的不规范、不合理的额外费用。2017年起，“领跑者”计划纳入了技术领跑基地，用于推广应用前沿科技和突破性技术示范，以加速成果转化，推动产业水平提升和成本下降。

在太阳能热利用方面，虽然我国太阳能热利用应用规模不断增长，但市场持续下滑，2018年是自2014年市场出现首次下滑以来连续第四年下滑，当年新增量为26吉瓦（集热面积3723平方米），户用市场逐渐萎缩，由工程领域应用市场替代，发展亟须国家层面政策引导。太阳能热利用的中、低温技术不断发展，应用领域从生活热水扩大到与建筑结合的供热、冷等领域，短期和季节性储热工程、工农业领域的供热应用示范工程数量增多，但市场应用规模还较小。太阳能热利用产业结构持续调整，集中度进一步提高，低质低效的小企业逐渐退出市场。国家出台的《北方地区冬季清洁取暖规划（2017—2021年）》和《关于北方地区清洁供暖价格政策的意见》为太阳能热利用在供暖领域的应用提供了引导性的建议和目标，然而可再生能源供热仍需更为完善的定价机制和发展模式以推动热利用的规模扩大和应用模式多样化。

太阳能热发电方面，我国于2016年9月评选确定了第一批20个光热发电示范项目（含4小时以上储热），总装机容量135万千瓦，分布于河北、内蒙古、甘肃、青海和新疆，要求所有项目于2018年底全部投运，也在招标基础上相应确定了示范项目配套的1.15元/千瓦时的太阳能热发电标杆上网电价。2016年示范项目和上网电价的确定带动了产业的快速发展，截至2016年底，已建成中小规模的光热电站7座，备案在建20多座。然而由于缺乏成熟技术产业体系和建设经验，大部分示范项目建设进度低于预期，而且其发电成本仍远高于其他类型可再生能源发电，还需更多的投入和建设运行经验促进其产业化、规模化。

1.2.5 生物质能

生物质能产业规模稳步增长，特别是生物质发电装机规模继续增长。截至2017年底，生物质发电并网装机容量为1488万千瓦，较上年增长24%。2017年垃圾发电装机容量首次超过农林生物质直燃发电，累计装机容量达到729万千瓦，农林生物质发电累计装机容量为714万千瓦。全国生物质发电量为794亿千瓦时，较上年增长21%，然而平均利用小时数有所降低，从2016年的5717小时降至5710小时。

2017年，生物质能供热迎来发展新机。为保护生态环境、解决大气污染等问题，2017年5月，财政部、住房和城乡建设部、环境保护部、国家能源局联合发布《关于开展中央财政支持北方地区冬季清洁取暖试点工作的通知》，2017年12月，国家发展改革委、国家能源局等十部委共同印发了《北方地区冬季清洁取暖规划（2017—2021年）》，均将生物质能供热作为重要的化石燃料替代方式之一。从经济性和可持续发展角度考虑，生物质锅炉供热比电供热或燃气供热更具优势。生物质资源的高值化开发和清洁化利用将是近中期我国生物质能产业发展的方向。

1.2.6 地热、海洋能

近年来，地热发电领域一直保持着增长态势，但增速较为平缓。截至2016年，我国地热发电装机容量达到27.28兆瓦，主要分布在西藏等地区。其中，西藏羊八井高温地热电站装机容量26.18兆瓦，已持续稳定运行超过33年，目前年发电量稳定在1亿千瓦时左右，约占藏中电网的10%，累计发电量已超过24亿千瓦时。地热能热利用是地热能应用的主要方式，包括中低温地热水直接利用、地源热泵等。我国地源热泵自2004年以来发展迅速，年增长供暖（部分制冷）面积1800万~2300万平方米，年增长率超过30%，目前已超过3亿平方米，全国31个省、市、区均有浅层地温能开发利用工程，浅层地温能供暖/制冷的单位（住宅小区、学校、工厂等）约3400个。2015年，国家能源局下发了《关于征求地热能开发利用“十三五”规划意见的函》，地热能的发展被纳入我国“十三五”可再生能源发展的整体布局。2017年初，国家发展改革委、国家能源局、国土资源部联合印发了《地热能开发利用“十三五”规划》，阐述了地热能开发利用的指导方针和目标、重点任务、重大布局，以及规划实施的保障措施等，为“十三五”

时期我国地热能开发利用提供了基本依据。在“十三五”时期，我国将新增地热能供暖（制冷）面积11亿平方米。

海洋能方面，多个潮汐电站示范工程正在稳步推进，首个模块化潮流能发电机组完成海上安装并实现发电，开启了我国潮流能发电的产业化之路。波浪能发电技术的研究也在逐步推进。近年来我国对海洋能技术研建工作投入较大，海洋能利用技术有所突破，潮汐能技术具有较成熟的开发能力，但由于目前海洋能利用项目规模较小，还远未形成产业，相关技术仍不成熟，还需要以科技创新、示范项目推动产业发展。2016年12月，国家海洋局印发了《海洋可再生能源发展“十三五”规划》，明确提出到2020年，海洋能开发利用水平要显著提升，科技创新能力大幅提高，核心技术装备实现稳定发电，形成一批高效、稳定、可靠的技术装备产品，工程化应用初具规模，一批骨干企业逐步壮大，产业链条基本形成，标准体系初步建立。在全球能源转型背景下，海洋能是可再生能源的重要组成部分，在“十三五”时期布局一批海洋能重点发展区域、完善配套平台建设具有重要意义。

1.2.7 储能和电动汽车

储能和电动汽车市场正在稳步扩大。到2017年底，中国投运储能项目累计装机规模29.1吉瓦，同比增长20%。其中，抽水蓄能的累计装机规模最大，为28.7吉瓦，占比约99%；化学储能的累计装机规模位列第二，为389兆瓦，占比约1%。半数以上项目的应用为可再生能源并网，用户侧领域的新增装机规模占比最高。2017年新能源汽车生产79.4万辆，销售77.7万辆，比上年同期分别增长54%和53%，继续保持大幅增长趋势。纯电动汽车持续成为新能源汽车中的主力。

2017年9月，国家发展改革委和能源局等五部委正式印发《关于促进储能技术与产业发展的指导意见》（发改能源〔2017〕1701号），明确了储能技术与产业的发展目标、重点任务和保障措施。目前电池储能在电力系统调频、负荷侧峰谷电价调节、电动汽车动力电池等应用场景已逐渐涌现成功的商业运营案例。自 2016 年中《关于促进电储能参与“三北”地区电力辅助服务补偿（市场）机制试点工作的通知》确定了储能参与调峰的主体身份后，落实储能技术在电力系统辅助服务和负荷侧峰谷差套利的应用成为市场关注的热点。新能源汽车方面，2017 年工信部发布了《乘用车企业平均燃料消耗与新能源汽车积分并行管理办法》，将燃油汽车油耗积分与新能源汽车积分并行管理，车企可用新能源汽车积分抵偿油耗积分，从而将市场化手段引入新能源汽车推广。就中长期而言，电动汽车与储能产业之间存在一定的协同互动关系，其互动趋势仍有待持续观察。

1.3 未来发展趋势和政策建议

2017 年是实施“十三五”规划的重要一年，可再生能源总体发展良好，电源结构持续优化调整，可再生能源占能源系统比重持续提升，各类可再生能源消费占比也继续提升，弃水弃风弃光现象在范围和规模上都得到了明显改善，产业结构不断优化，装备技术水平稳步提升。随着“十三五”规划的实施和不断推进、电力体制改革的不断深入，通过可再生能源利用目标引导机制的建立，绿色证书和配额制的实施和完善，监测预警机制和可再生能源发电全额保障性收购等政策的深化落实，“领跑者”计划和各类示范项目的进一步推进，预计 2018 年各类产业规模将持续扩大，格局进一步优化，将有力推动“十三五”规划目标的实现。

综合施策解决弃风弃光问题。虽然 2017 年的弃水弃风弃光问题得到了一定缓解，但仍面临着体制和市场的约束，并未得到根本解决。预计未来一段时间可再生能源电力新增建设项目的重心仍主要集中在中东部地区，“三北”工作的中心则是继续解决存量装机限电问题，以及通过扶植先进技术产品应用的各类示范项目和“领跑者”计划等措施，推动可再生能源发电成本的总体下降。从政策层面，《解决弃水弃风弃光问题实施方案》提出相应目标，2017 年弃水弃风弃光状况明显缓解，2020 年在全国范围内有效解决弃水弃风弃光问题。该方案对完善可再生能源开发利用机制提出了具体的策略，从发电、输送和消费侧均提出了改善措施，保障可再生能源优先发电购电，通过可再生能源电力配额制保证消纳空间，建立优化运行调度机制，优化规划和充分利用输电通道输送可再生能源能力等，力争有效解决弃水弃风弃光问题。

加快技术产业创新，综合成本下降是关键。自 2015 年《关于促进先进光伏技术产品应用和产业升级的意见》提出实施“领跑者”计划以来，“领跑者”计划结合光伏电站项目资源竞争配置方式形成了全新的光伏领跑技术基地，实现了促进先进光伏技术产品应用和产业升级延伸到降低发电成本，同时也推动降低光伏发电土地、电网接入、税费等非技术成本。“领跑者”计划的持续实施，使得技术、产业、体制机制的创新成为可再生能源发展的内在动力，可以持续推动行业发展和能源革命。2017 年 8 月，国家能源局发布《关于公布风电平价上网示范项目的通知》，示范项目的上网电价按当地煤电标杆上网电价执行，所发电量在本地电网范围内消纳。如果该项目示范成功，将意味着风电没有任何补贴的时代提前来临。风电平价上网的成功也将影响未来风电发展的趋势和固定电价的改革方向。

以分布式可再生能源发电引领智慧能源。在东中部等风光资源相对较差但电力和能源需求较大的地区，分布式光伏、分散式风电和多能互补项目进展加快，储能和电动汽车的应用大幅增加。2017 年 6 月，国家能源局发布《关于加快推进分散式接入风电项目建设有关要求的通知》。该通知主要围绕推动分散式风电开发提出具体的工作要求，鼓励探索分散式风电发展新模式，特别是鼓励建设部分和全部电量自发自用，以及在微电网内就地平衡的分散式风电项目，多个省（区、市）陆续出台分散式风电发展规划推动分散式风电项目发展。根据国家可再生能源中心的统计，2017 年分布式光伏爆发式增长，新增装机容量达到1944 万千瓦，同比增长3.7 倍。2017 年10 月，国家发展改革委和国家能源局联合下发了《关于开展分布式发电市场化交易试点的通知》（发改能源〔2017〕1901 号），对分布式发电参与市场交易的商业模式、交易组织以及过网费核定等方面做出了制度安排。分布式可再生能源发电参与市场化市场交易对减少分布式可再生能源项目投资风险、降低发电成本和减少补贴进而促进商业模式创新和分布式发电广泛应用及可持续发展具有重要意义。

清洁能源供热在环保、控煤、补贴、市场改革等综合政策推动下加快发展。2017 年3 月发布的《促进可再生能源供热的意见（征求意见稿）》、5 月发布的《关于开展中央财政支持北方地区冬季清洁取暖试点工作的通知》以及12 月十部委联合发布的《北方地区清洁取暖规划（2017—2021 年）》都明确支持可再生能源替代民用散煤取暖，以降低空气中污染物排放。同时，为解决弃风限电和促进当地消纳，一部分地区也在规划利用风电取暖的方案。生物质锅炉、地源热泵、太阳能供暖在户用建筑供暖等方面的技术已有一定规模的应用。然而由于可再生能源资源的分散性、季节性和不稳定性，通过多能互补技术和系统集成技术实现可再生能源建筑供暖的建设运营模式仍处于起步阶段，面临资源保障、技术研发、项目经济性等多方面的挑战。通过规划引导、政策激励，以及关键技术研发和示范工程的推广，可以使可再生能源供暖在未来发展具有广阔的前景，也将为能源转型和降低碳排放提供强大的支撑。

总的来看，可再生能源产业整个产业链条（原材料制造、部件生产、系统集成、生产建设、运行维护和产业服务）的市场竞争将更加突出技术升级、成本控制、产业链条的完善和商业模式创新，装备制造和大型电站市场的行业集中程度将持续增加，但在能源系统用户侧的分布式能源市场主体未来将更加多元化，智慧能源、“互联网+”、需求侧响应、储能、多能互补等技术手段和商业模式的创新，电力现货市场和分布式市场化交易体系的建立和完善，以及管理服务业态的逐渐完善和丰富，将推动可再生能源与能源用户更紧密地融合。

（执笔人：韩雪、赵勇强）

2 风 能

2.1 风能资源

20 世纪 70 年代末，中国气象局首次对我国风能资源做出总体计算和区划，此后又做了数次全国性的普查。随着我国风电市场的扩大，有关风能资源评价工作得到进一步加强。2014 年底，中国气象局风能太阳能资源中心公布了《全国风能资源评估成果（2014）》，该评估结果表明，我国陆地 70 米高度风功率密度达到 150 瓦/平方米以上的风能资源技术可开发量为 72 亿千瓦，风功率密度达到 200 瓦/平方米以上的风能资源技术可开发量为 50 亿千瓦；80 米高度风功率密度达到 150 瓦/平方米以上的风能资源技术可开发量为 102 亿千瓦，达到 200 瓦/平方米以上的风能资源技术可开发量为 75 亿千瓦。主要分布在东北、华北、西北地区，“三北”地区风能资源量占全国 90% 以上。在近海 100 米高度内，水深在 5～25 米范围内的风电技术可开发量可以达到约 1.9 亿千瓦，水深 25～50 米范围内的风电技术可开发量约 3.2 亿千瓦。海上风电资源主要分布在我国的东南沿海，其中以台湾海峡的风能资源最为丰富（见表 2－1）。

表 2 – 1　不同机构测算中国陆上风能资源的评估结果

测算机构	可利用面积（万平方千米）	距地面高度（米）	技术开发量（亿千瓦）	评估方法
		陆上风能资源		
第二次普查（20 世纪 90 年代）		10	2.53	依据气象资料，按 10 米高度处的风能理论值的 10% 计算
第三次普查（2007 年）	20	10	2.97	依据气象资料，按 10 米高度处的风能密度大于 150 瓦/平方米的面积推算
中国气象局（2007 年）	54	50	26.8	采用数值模拟技术，对 50 米高度处风功率密度大于等于 400 瓦/平方米区域（不包括新疆、青海、西藏和台湾）按 5 兆瓦/平方千米布置风电机组计算
联合国环境规划署（2004 年）	28.4	50	14.2	不包括中国的新疆、青海、西藏和台湾；对中国东部沿海和内蒙古等地区采用数值模拟，其他地区依据气象站资料。对 50 米高度处风功率密度≥400 瓦/平方米的区域按 5 兆瓦/平方千米布置风电机组计算
能源研究所估算（2007 年）	20	—	6 ~10	综合各方数据建议使用的数据，按 20 万平方千米的可开发利用陆地面积，低限按 3 兆瓦/平方千米、高限按 5 兆瓦/平方千米布置风电机组计算
中国气象局（2009 年）	—	50	23.8	风能功率密度大于等于 300 瓦/平方米，利用风能资源专业观测网及结合国家气象局基本气象观测网 2400 多个地面气象台站的测风资料，通过我国风能资源评估的精细化数值模式系统
		海上风能资源		
中国气象局（20 世纪 90 年代）	—	10	7.5	依据第二次陆上风能资源普查结果，按海上是陆地资源的 3 倍计算
联合国环境规划署（2004 年）	12.2	50	6	采用数值模拟技术，对风功率密度大于等于 400 瓦/平方米的区域计算

续表

测算机构	可利用面积（万平方千米）	距地面高度（米）	技术开发量（亿千瓦）	评估方法
海上风能资源				
中国科学院地理研究所（2006年）	—	10	20（储量）	利用遥感卫星数据进行数值模拟计算，得到距离海岸线2千米处风能资源为4亿千瓦；如距离10千米，约为20亿千瓦
中国气象局（2007年）	3.7	50	1.8	采用数值模拟技术，对风功率密度大于等于400瓦/平方米的区域计算
国家气候中心（2009年）	—	50	7.58	采用数值模拟计算，考虑离岸50千米以内的近海，对风功率密度大于等于400瓦/平方米的区域计算，并将遇强台风三次及以上区域扣除
能源研究所估算（2007年）	3	—	1.5	按照国家海洋局海洋开发利用规划面积，并按照5兆瓦/平方千米布置风电机组计算
中国气象局（2009年）	—	50	2	我国近海水深5~25米的区域，风功率密度大于等于300瓦/平方米
中国气象局（2014年）	—	70	50	利用近1000座测风塔的实测数据，对数值模拟成果进行了校验和订正，风功率密度达到200瓦/平方米以上的风能资源技术可开发量
		80	75	风功率密度达到200瓦/平方米以上的风能资源技术可开发量

2.1.1 陆上风能资源

根据全国风能资源调查结果，我国风能资源丰富，总量与美国接近。70米高度陆上风能资源技术可开发量达到26亿千瓦（见表2－2），我国陆地风能资源丰富地区主要分布在东北三省、内蒙古大部、华北北部、甘肃西部（酒泉）、新疆北部和东部地区，云贵高原、东南沿海为风能资源较丰富地区。从70米高度风能资源技术可开发量来看，内蒙古量值最大，其次为新疆和甘肃，黑龙江、吉林、辽宁、河北北部以及山东、江苏和福建等沿海地区风能资源适宜规划建设大型风电基地。中部内陆地区的山脊、台地、江湖河岸等特殊地形也有较好的风能资源，适宜建设较小规模的风电场和分散式开发利用。2015 年，中国气象局对中东部地区的风能资源情况作了更详细的评估，以协助国家能源局更好地规划和发展中东部地区。

表 2 –2　全国陆地 50 米、70 米、100 米高度风能资源储量

高度（米）	潜在开发量（亿千瓦）	技术开发量（亿千瓦）	技术开发面积（万平方千米）
50	25. 6	20. 5	56. 6
70	30. 6	25. 7	70. 5
100	39. 2	33. 7	94. 8

内蒙古、新疆和甘肃是我国风能资源最丰富的省（区），技术可开发量分别达到 14. 6 亿千瓦、4. 4 亿千瓦、2. 4 亿千瓦。风能资源超过 1000 万千瓦的有 14 个省（区），包括位于内陆的山西、云南、青海、宁夏等。各省（区、市）陆地 70 米高度风能资源储量见表 2 –3。

表 2 –3　各省（区、市）陆地 70 米高度风能资源储量（≥300 瓦/平方米）

省份	潜在开发量（万千瓦）	技术开发量（万千瓦）	技术开发面积（平方千米）
内蒙古	163126	145967	394919
新疆	47543	43555	111775
甘肃	26446	23634	61342
黑龙江	13415	9651	29580
吉林	7985	6284	22675
辽宁	7824	5981	20409
河北	8651	4188	11870
山东	4028	3018	8472
云南	4972	2066	6273

续表

省份	潜在开发量（万千瓦）	技术开发量（万千瓦）	技术开发面积（平方千米）
青海	2407	2008	6585
山西	3791	1598	5032
宁夏	1777	1555	4417
广东	2216	1367	4249
陕西	1970	1115	3302
福建	1222	955	2664
广西	1522	692	2151
贵州	1372	456	1705
河南	916	389	1226
江苏	373	370	926
四川	1248	340	1040
江西	541	310	876
浙江	353	209	642
海南	276	206	638
重庆	434	138	446
湖北	243	126	396
台湾	285	119	355
湖南	276	113	331
安徽	104	77	212
西藏	99	65	188
天津	56	56	133
上海	51	51	133
北京	135	50	139
合计	305657	256709	705101

注：按技术可开发量排序

2.1.2 海上风能资源

我国海上风能资源主要分布在我国的东南沿海，其中以台湾海峡的风能资源最为丰富。在近海 100 米高度内，水深在 5～25 米范围内的风电技术可开发量可以达到约1.9亿千瓦，水深25~50米范围内的风电技术可开发量约3.2亿千瓦。山东半岛沿海地区的年平均风速7米/秒以上，江苏沿海区域海上年平均风速在7~8米/秒，离海岸线较远的区域风速更大，福建、浙江沿海区域平均风速达到9米/秒以上，具有丰富的风能资源。

2.2 风电发展政策总结

2017年，我国风电政策始终坚持引导地区平衡发展，以解决弃风限电、推动风电市场化发展为方向进行了多种尝试。

2.2.1 《关于可再生能源发展“十三五”规划实施的指导意见》

2017年7月，国家能源局印发《关于可再生能源发展“十三五”规划实施的指导意见》（以下简称《指导意见》）。《指导意见》从八大方面对“十三五”规划提出要求：一是加强可再生能源目标引导和监测考核；二是加强可再生能源发展规划的引领作用；三是加强电网接入和市场消纳条件落实；四是创新发展方式促进技术进步和成本降低；五是健全风电、光伏发电建设规模管理机制；六是加强和规范生物质发电管理；七是多措并举扩大补贴资金来源；八是加强政策保障。

《指导意见》的内容针对性很强。为确保不造成新的弃水弃风弃光问题，《指导意见》中有“各地区2017—2020年累计建设规模是由国家发展改革委、国家能源局发布的可再生能源相关规划和经国家能源局批复的各地区能源发展规划确定的。各地区的分年度规模是在各省（区、市）能源主管部门报送的‘十三五’风电、光伏发电分年度规模建议的基础上，综合考虑各地区资源禀赋、市场消纳条件等因素确定的，既与各地区的规划总量相衔接，又将电力送出和消纳能力作为主要约束条件”等内容。《指导意见》明确提出可再生能源发展规模、发展速度和时间安排，要与电网的发展规模、速度和布局相互协调。《指导意见》对特高压通道配套基地的风电、光伏发电项目做出了类似“计划单列”的“随特高压通道决策另行配置”的特殊安排。从长远来看，可再生能源最终要进入市场，宏观调控只能起暂时的、辅助的作用。无论可再生能源还是传统能源，系统的资源优化配置最终还是要由市场机制起作用。

2.2.2 继续优化布局，推动分散式风电发展

2017 年 6 月，国家能源局发布《关于加快推进分散式接入风电项目建设有关要求的通知》（以下简称《通知》）。《通知》主要围绕推动分散式风电开发提出具体的工作要求，包括：加快推动分散式风电开发，规范建设标准，加强规划管理等内容。《通知》中明确了分散式风电的接入电压技术要求：①接入电压等级应为 35 千伏及以下电压等级。如果接入 35 千伏以上电压等级的变电站时，应接入 35 千伏及以下电压等级的低压侧。②充分利用电网现有变电站和配电系统设施，优先以“T 接”或者“π 接”的方式接入电网。③在一个电网接入点接入的风电容量上限以不影响电网安全运行为前提，统筹考虑各电压等级的接入总容量，鼓励多点接入。严禁向 110 千伏（66 千伏）及以上电压等级送电。

《通知》指出，分散式接入风电项目不受年度指导规模的限制。对于已批复规划内的分散式风电项目，鼓励各省级能源主管部门研究制定简化项目核准程序的措施；但对红色预警地区应着力解决存量风电项目的消纳问题，暂缓建设新增分散式风电项目。也就是说，分散式风电的发展和布局更重视风电的就近消纳及本地消纳，在弃风限电严重的地区限制发展。

在模式创新上，鼓励探索分散式风电发展新模式，特别是鼓励建设部分和全部电量自发自用，以及在微电网内就地平衡的分散式风电项目。在并网方面，加强对分散式风电并网技术要求，对各自供电区

域内的分散式接入风电项目规划方案出具意见函，并及时确保规划内的项目接入电网。

2018年4月，国家能源局发布《分散式风电项目开发建设暂行管理办法》，进一步明确了分散式风电的技术要求和并网规模。在之前的技术要求基础上，明确分散式风电项目只能有1个并网点，且总容量不应超过50兆瓦。同时，对分散式风电项目办理并网手续的工作流程、办理时限进行了细致的规定，以推动分散式风电并网的审批。

2.2.3 组织开展风电平价上网示范项目

2017年8月，国家能源局发布《关于公布风电平价上网示范项目的通知》。该通知中批复了五个省（区）的风电平价上网项目共计70.7万千瓦（见表2-4）。示范项目的上网电价按当地煤电标杆上网电价执行，所发电量不核发绿色电力证书，在本地电网范围内消纳。在并网方面，风电平价上网项目也得到了大力支持。示范项目建成后，要及时与风电开发企业签订购售电合同，同时创新调度运行机制，充分挖掘系统调峰能力和消纳潜力，优先满足项目消纳需求，确保全额消纳风电平价上网示范项目所发电量，使项目建设切实发挥示范效应和引导作用。如果该示范项目成功，将意味着风电没有任何补贴的时代提前来临。风电平价上网的成功也将影响未来风电发展的趋势和固定电价的改革方向。

表2-4 风电平价上网示范项目

序号	项目名称	建设单位	拟选场址	装机容量（万千瓦）
1	风电平价上网及张家口国际可再生能源技术创新试验实证基地	张北旭弘新能源科技有限公司和北京鉴衡认证中心	河北省张家口市张北县	10
2	建投康保大英图平价上网示范项目	河北建投新能源有限公司	河北省张家口市康保县	10
3	三峡新能源康保100兆瓦平价上网示范项目	三峡新能源康保发电有限公司	河北省张家口市康保县	10

续表

序号	项目名称	建设单位	拟选场址	装机容量（万千瓦）
4	张家口平价上网风电检测认证实证基地	北京鉴衡认证中心有限公司	河北省张家口市张北县	5
5	两面井天润平价上网风电项目	北京天润新能投资有限公司	河北省张家口市张北县	5
6	双城杏山 49.5 兆瓦风电项目	黑龙江新天哈电新能源投资有限公司	黑龙江省哈尔滨市双城区	4.95
7	双城万隆 49.5 兆瓦风电项目	黑龙江新天哈电新能源投资有限公司	黑龙江省哈尔滨市双城区	4.95
8	华能瓜州干河口北 50 兆瓦风电平价上网示范项目	华能甘肃能源开发有限公司	甘肃省瓜州县干河口北二南	5
9	甘肃矿区黑崖子 50 兆瓦风电平价上网示范项目	中核汇能有限公司西北分公司	甘肃矿区	5
10	上海尘悟玉门平价上网新型风力发电技术示范项目	上海尘悟环保科技发展有限公司	甘肃省玉门十三里井子区域	0.4
11	宁夏东梦灵武高新材料产业园分布式能源（无补贴电价）示范项目	宁夏东梦能源股份有限公司	宁夏回族自治区银川市灵武东山变电站东	0.45
12	新疆晋商风电有限责任公司 5 万千瓦风电项目一期	新疆晋商风电有限责任公司	新疆维吾尔自治区乌鲁木齐市达坂城区东部	5
13	龙源达坂城风电三场六期 4.95 万千瓦风电项目	新疆龙源风力发电有限公司乌鲁木齐分公司	新疆维吾尔自治区乌鲁木齐县托里乡	4.95

2.2.4 弃风问题催促配额制出台

2017 年 11 月，国家能源局发布《解决弃水弃风弃光问题实施方案》（以下称简《实施方案》），明确提出了具体地区风、光、水的具体弃电的年度目标。2017 年，甘肃、新疆弃风率降至 30% 左右，吉林、黑龙江和内蒙古弃风率降至 20% 左右，其他地区风电和光伏发电年利用小时数应达到国家能源局 2016 年下达的本地区最低保障收购年利用小时数（或弃风率低于 10%、弃光率低于 5%）。《实施方案》对完善可再生能源开发利用机制提出了具体的实施策略，全面树立能源绿色消费理念。要求各级政府能源管理部门、电网企业、可再生能源开发企业均要遵循能源生产和消费革命战略，坚持能源绿色发展，把提高可再生能源利用水平作为能源发展的重要任务。不断完善可再生能源开发利用目标监测评价制度。国家能源局将根据全国非化石能源占一次能源消费比重到 2020 年、2030 年分别达到 15%、20% 的目标，对各地区可再生能源比重指标完成情况进行监测和评价。

在《实施方案》中，配额制的明确提出也是一大亮点。国家根据《可再生能源法》、能源战略和发展规划、非化石能源占能源消费比重目标，综合考虑各省（自治区、直辖市）可再生能源资源、电力消费总量、跨省跨区电力输送能力等因素，按年度确定各省级区域全社会用电量中可再生能源电力消费量最低比重指标。各类电力相关市场主体共同承担促进可再生能源利用的责任，各省级电网企业及其他地方电网企业、配售电企业（含社会资本投资的增量配电网企业、自备电厂）负责完成本供电区域内可再生能源电力配额，电力生产企业的发电装机容量和年发电量构成应达到规定的可再生能源比重要求。完善可再生能源电力绿色证书及交易机制，形成促进可再生能源电力生产和消费的新发展模式。《可再生能源电力配额及考核办法》另行发布。

2.3 大型并网风电市场和产业

2.3.1 风电开发建设

2017 年，全国新增风电装机并网容量 1503 万千瓦，同比下降 22%。从新增装机分布看，风电开发继续保持向中东部和南方地区转移的特征，“三北”地区新增装机并网容量 724 万千瓦，同比下降 30%。

截至2017年底，全国风电累计并网容量达到16367万千瓦，同比增长10.1%（见图2－1），其中海上风电累计并网容量202万千瓦，同比增长37%。分地区看，累计并网容量超过1000万千瓦的省（区）有5个，分别是内蒙古、新疆、甘肃、河北和山东；“三北”地区风电累计并网容量达到12172万千瓦，占全国总量的74%，较上年同期下降3个百分点。

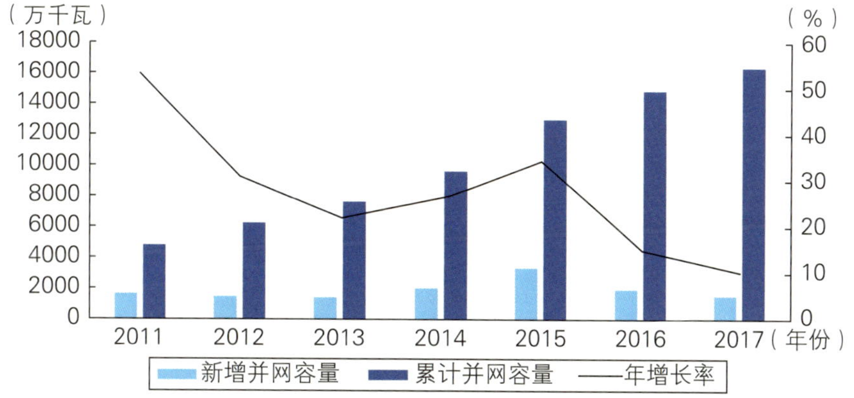

图2－1　2011—2017年全国风电并网装机情况

2017年我国风电布局进一步优化，全国所有省份均有风电项目分布。分地区看，累计并网装机容量超过1000万千瓦的省（区）有4个，分别是内蒙古、新疆、甘肃和河北；“三北”地区新增装机并网724万千瓦，同比下降30%，占全国总量的48%（见表2－5）。从新增装机分布看，受“三北”3个地区弃风限电因素影响，2016年风电开发向东中部和南方地区转移，“三北”地区新增并网装机1026万千瓦，同比下降60%。

表2－5　2017年分省（区、市）风电装机情况

单位：万千瓦

省（区、市）	风电新增装机	风电累计装机
华北地区	410	4852
北京	0	19
天津	0	29
河北	43	1181
山西	101	872

续表

省（区、市）	风电新增装机	风电累计装机
山东	222	1061
蒙西	43	1691
东北地区	71	2764
蒙东	46	978
辽宁	16	711
吉林	0	505
黑龙江	9	570
华东地区	191	1329
上海	0	71
江苏	94	656
浙江	14	133
安徽	41	217
福建	42	252
华南地区	208	1704
广东	39	335
广西	80	150
海南	0	31
贵州	7	369
云南	82	819
华中地区	379	1162
江西	61	169
河南	129	233
湖北	52	253
湖南	47	263
重庆	5	33
四川	86	210
西北地区	243	4556
陕西	115	364
甘肃	5	1282
青海	93	162
宁夏	0	942

续表

省（区、市）	风电新增装机	风电累计装机
新疆	30	1806
新疆兵团	0	0
西藏	0	1
全国	1503	16367

数据来源：国家可再生能源中心

2017年，全国风电发电量为3057亿千瓦时（见图2－2），同比增长28%，占全国总发电量的4.8%。内蒙古、河北、云南、甘肃、山东、山西、宁夏、辽宁、新疆、江苏和黑龙江的发电量均超过100亿千瓦时，部分省区风电发电量占全社会用电量比重达到较高水平，内蒙古、甘肃和宁夏风电发电占当地全社会用电量比重超过20%。

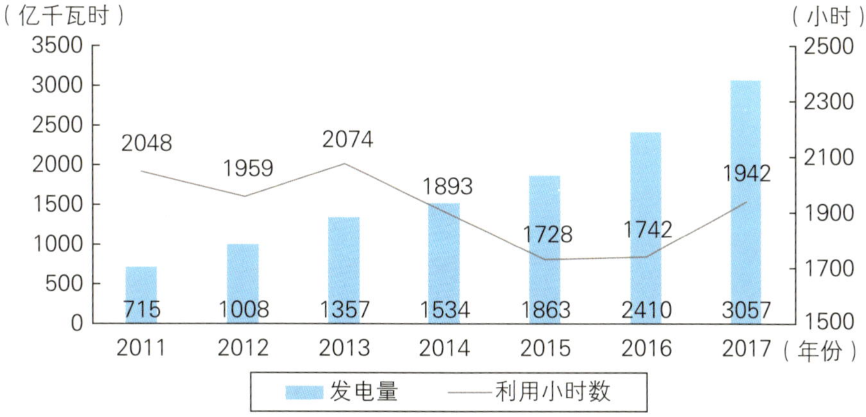

图2－2　2011—2017年全国风电发电量及利用小时数

2017年，全国风电平均利用小时数为1942小时，同比增加186小时。分电网区域看，华东电网利用小时数最高（2153小时），西北电网最低（1666小时）。分省份看，平均利用小时数最高的是福建（2756小时），平均利用小时最低的是甘肃（1469小时）。

2017年，全国总弃风电量422亿千瓦时，同比减少78亿千瓦时，弃风率12%，同比下降5.2个百分点，实现弃风电量和弃风率“双降”（见图2－3）。分地区看，大部分弃风限电严重地区的形势均有所好转（见

图2-4)，其中甘肃弃风率下降超过10个百分点，吉林、新疆、宁夏、内蒙古、辽宁弃风率下降超过5个百分点，黑龙江弃风率下降接近5个百分点。新疆、内蒙古和甘肃弃风现象仍较为严重，弃风电量分别达到133亿千瓦时、95亿千瓦时和92亿千瓦时。从全年情况看，弃风率在冬季较高。

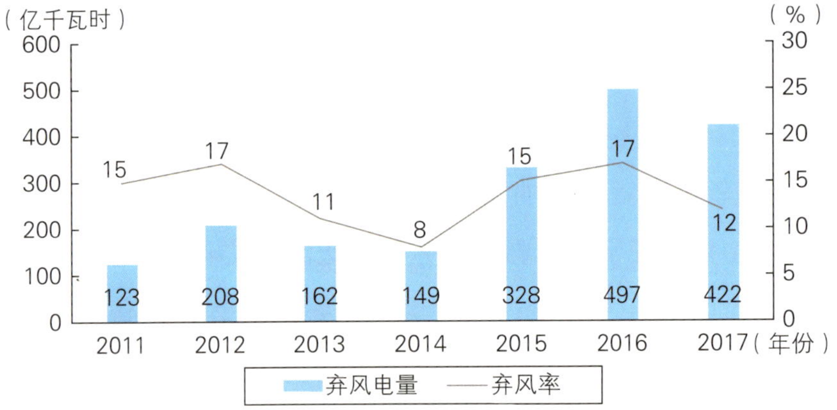

图2-3 2011—2017年全国风电弃风情况

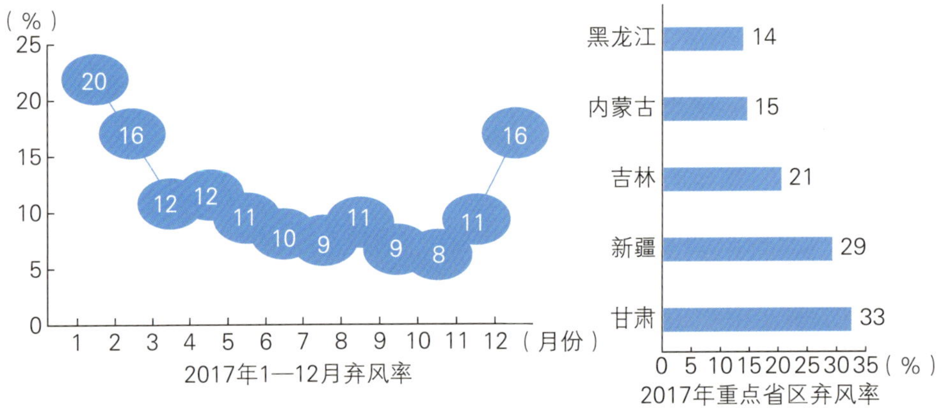

图2-4 2017年全国及重点地区弃风情况

数据来源：国家能源局风电监测体系

自2016年实施风电投资监测预警及新增项目管控措施以来，我国弃风现象明显得到缓解，弃风率大幅降低。2017年，弃风电量从2016年的497亿千瓦时下降到419亿千瓦时。其中，甘肃的弃风率从2016年的43%下降到33%，下降10个百分点，但依然是全国最严重的弃风地区。新疆、吉林、内蒙古紧随其后，但是整体弃风率较往年有明显下降。从预警报告看，目前只有甘肃、新疆、吉林三个地区还处于风电投资监测预警红色区域，内蒙古和黑龙江已经转为橙色区域（见表2－6）。

表2－6　2016年和2017年中国主要省（区）弃风情况

省（区）	2016年弃风电量（亿千瓦时）	2017年弃风电量（亿千瓦时）	2016年弃风率（%）	2017年弃风率（%）
甘肃	104	91.8	43	33
新疆	137	132.5	38	29
吉林	29	22.6	30	21
内蒙古	124	95	21	15
黑龙江	20	17.5	19	14
辽宁	19	13.2	13	8
宁夏	19	7.7	13	5
山西	14	11	9	6
河北	22	20.3	9	7
陕西	2	2	7	4
云南	6	5.7	4	3
合计	497	419	17	12

数据来源：国家可再生能源中心

截至2017年底，我国海上风电项目累计并网202万千瓦，位于江苏省、上海市和福建省，分别为162万千瓦、31万千瓦和9万千瓦（见图2－5）。其中江苏省和福建省有新增并网海上风电项目，分别达到50万千瓦和7万千瓦。

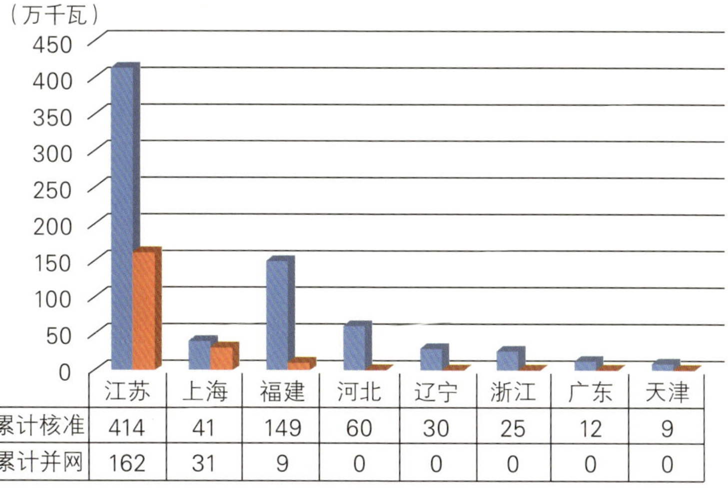

	江苏	上海	福建	河北	辽宁	浙江	广东	天津
■累计核准	414	41	149	60	30	25	12	9
■累计并网	162	31	9	0	0	0	0	0

图2－5　全国海上风电累计核准和并网情况

2.3.2 风电制造业

2017 年，我国风电制造业竞争更加激烈，市场整体下滑明显，市场集中度进一步提高。

2.3.2.1 风电机组整机制造商

（1）市场格局

根据中国风能协会的统计数据，2017 年，中国风电有新增装机的整机制造商共 22 家，新增吊装装机容量 1966 万千瓦。其中，金风科技新增吊装装机容量达到 523 万千瓦，市场份额同比下降 26.6%，但仍遥遥领先，位列第一。远景能源、明阳智能、联合动力和重庆海装分列第二位至第五位，排名顺序没有变化（见图 2－6）。值得关注的是，在整体装机容量下滑的情况下，只有远景能源和明阳智能的装机容量实现了正增长。2017 年，风电整机制造企业的市场份额更加集中，排名前五的风电机组制造企业市场份额达到 67%，较 2016 年提高约 7 个百分点。排名前十的风电制造企业市场份额由 2013 年的 77.8% 增长到 2017 年的 89.5%，增长了近 12%。

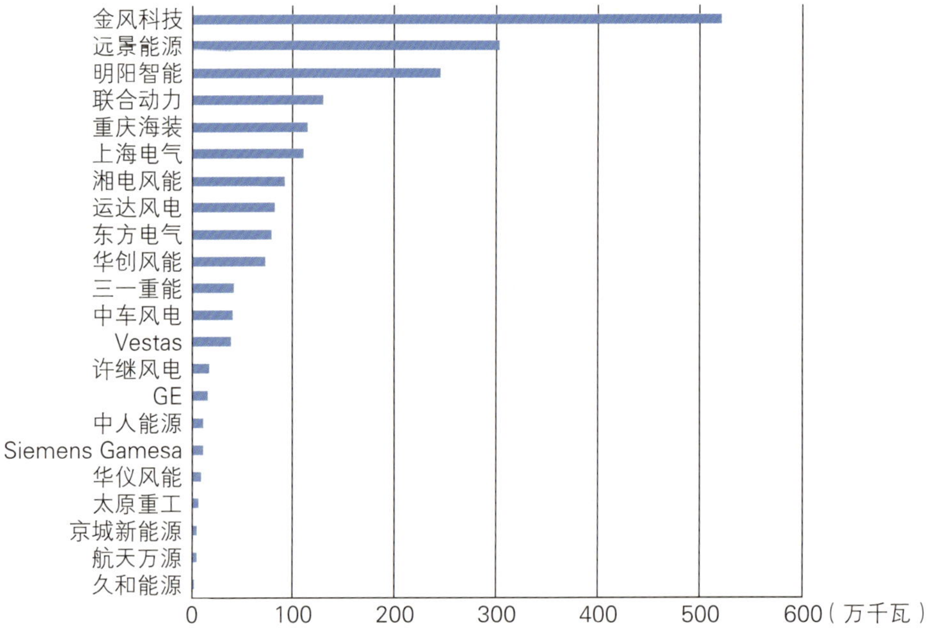

图 2－6　2017 年中国风电整机制造企业新增装机容量

数据来源：CWEA

截至2017年底，全国累计装机容量达到1.88亿千瓦，有7家整机制造企业的累计装机容量超过1000万千瓦，7家市场份额合计达到67%。其中，金风科技累计装机容量超过4000万千瓦，占国内市场份额的22.7%；另外，联合动力累计装机占比9.4%，首次超过华锐风电，位居第二（见图2－7）。

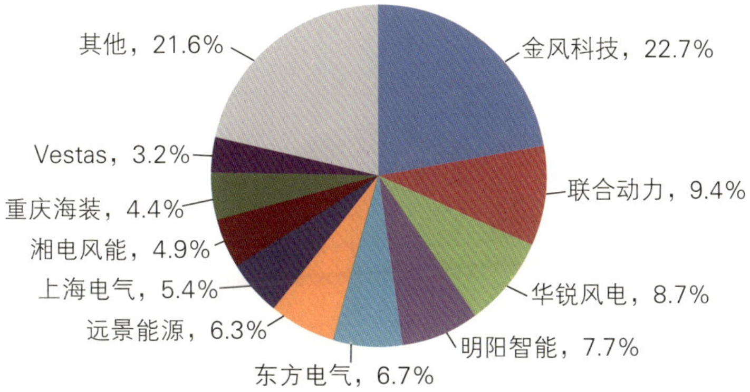

图2－7　2017年中国风电整机制造企业累计装机市场份额

数据来源：CWEA

（2）风机技术发展趋势

2017年，中国新增装机的风电机组平均功率2.1兆瓦，同比增长8%；截至2017年底，累计装机的风电机组平均功率为1.7兆瓦，同比增长2.6%（见图2－8）。

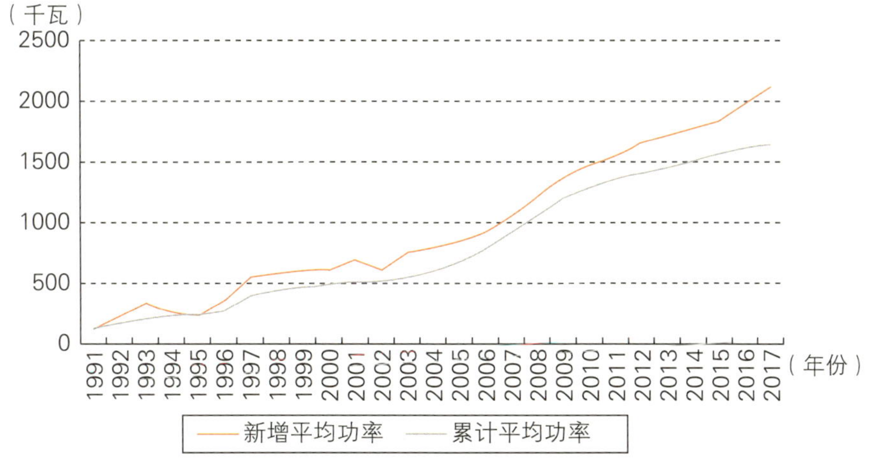

图2－8　1991—2017年中国新增和累计装机的风电机组平均功率

数据来源：CWEA

2017 年，中国新增风电机组中，2 兆瓦以下（不包括 2 兆瓦）新增装机容量市场占比达到 7.3%，2 兆瓦风电机组装机容量占全国新增装机容量的 59.0%，2.1 兆瓦至 2.9 兆瓦新增装机容量占比达到 26.1%，3 兆瓦至 3.9 兆瓦机组新增装机容量占比达到 2.9%，4 兆瓦及以上机组新增装机容量占比达到 4.7%（见图 2－9）。

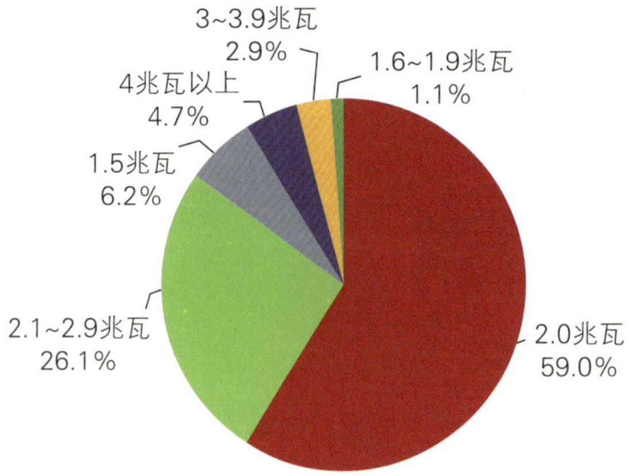

图 2－9　2017 年中国不同功率风电机组新增装机容量占比

数据来源：CWFA

与 2016 年相比，变化幅度较大的有：2.1 兆瓦至 2.9 兆瓦机组市场份额增长了 11%；1.5 兆瓦机组市场份额下降了 11%～6.2%。

截至 2017 年底，中国风电累计装机中，2 兆瓦以下（不含 2 兆瓦）累计装机容量市场占比达到 53.7%，其中，1.5 兆瓦风电机组累计装机容量占总装机容量的 45.8%，同比下降约 5 个百分点。2 兆瓦风电机组累计装机容量占比上升至 35%，同比上升约 3 个百分点。2.1 兆瓦至 2.9 兆瓦累计装机容量占比达到 8.9%。3 兆瓦至 3.9 兆瓦机组累计装机容量占比达到 2.1%。4 兆瓦及以上机组累计装机容量占比达到 1%。

2017 年，中国海上风电取得突破性进展，新增装机共 319 台，新增装机容量达到 116 万千瓦，同比增长 97%；累计装机容量达到 279 万千瓦（见图 2－10）。2017 年共有 8 家制造企业有新增装机，其中，上海电气新增装机容量最多，共吊装 147 台，容量为 58.8 万千瓦，占比达到 50.5%（见表 2－7）。

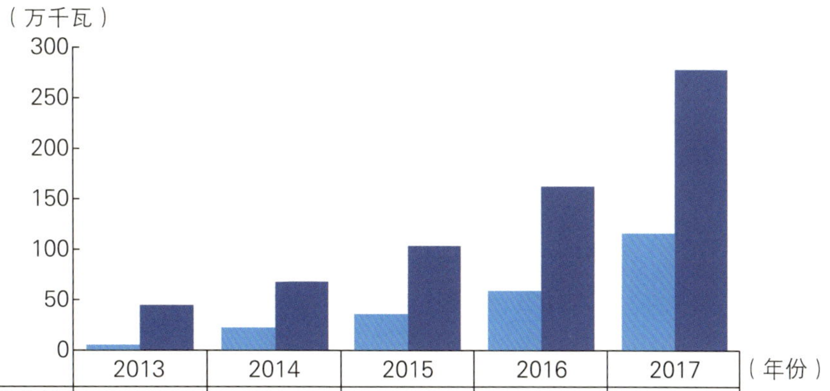

	2013	2014	2015	2016	2017
新增装机容量	6	23	36	59	116
累计装机容量	45	67	103	163	279

图 2－10　2017 年中国海上风电新增和累计装机容量

数据来源：CWEA

表 2－7　2017 年中国风电制造企业海上新增装机容量

制造企业	额定功率（千瓦）	装机台数（台）	装机容量（兆瓦）
上海电气	4000	147	588
金风科技	2500	77	192.5
	3000	5	15
	3300	1	3.3
金风科技汇总		83	210.8
远景能源	4000	50	200
重庆海装	5000	21	105
明阳智能	3000	10	30
联合动力	3000	5	15
太原重工	5000	2	10
东方电气	5000	1	5
总计	—	319	1163.8

截至 2017 年底，海上风电机组整机制造企业共 11 家，其中，累计装机容量达到 15 万千瓦以上的有上海电气、远景能源、金风科技、华锐风电，这 4 家企业海上风电机组累计装机容量占海上风电总装机容

量的 88.0%，上海电气以 55.1% 的市场份额遥遥领先（见图 2－11）。

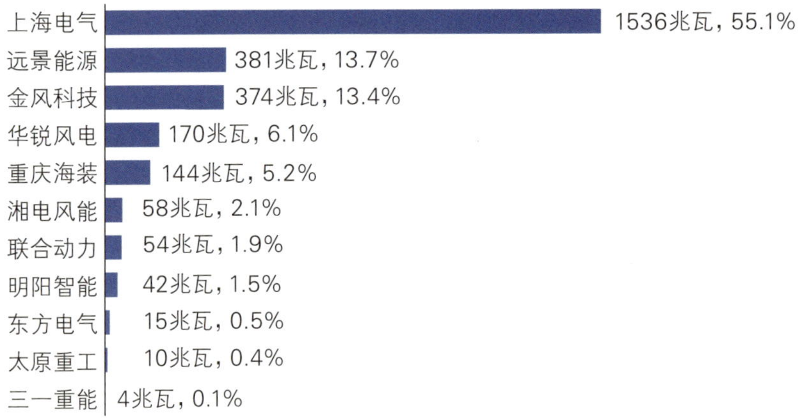

图 2－11　2017 年中国风电制造企业海上累计装机容量及市场份额

数据来源：CWEA

截至 2017 年底，在所有吊装的海上风电机组中，单机容量为 4 兆瓦机组最多，累计装机容量达到 153 万千瓦，占海上装机容量的 55%；5 兆瓦风电机组装机容量累计达到 20 万千瓦，占海上总装机容量的 7%；6 兆瓦风电机组吊装的仍是样机，尚未批量吊装（见图 2－12）。

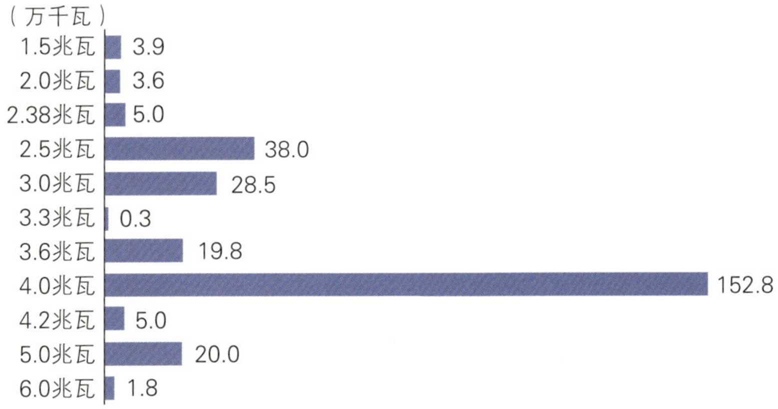

图 2－12　2017 年中国海上风电不同功率机组累计装机容量

数据来源：CWEA

（3）内资企业的设备出口

2017 年，中国向国外出口风电机组 311 台，容量 641 兆瓦，同比增长21%。截至2017年底，中国风电机组制造企业已出口的风电机组共计1707台，累计容量达到3205兆瓦（见图2－13）。

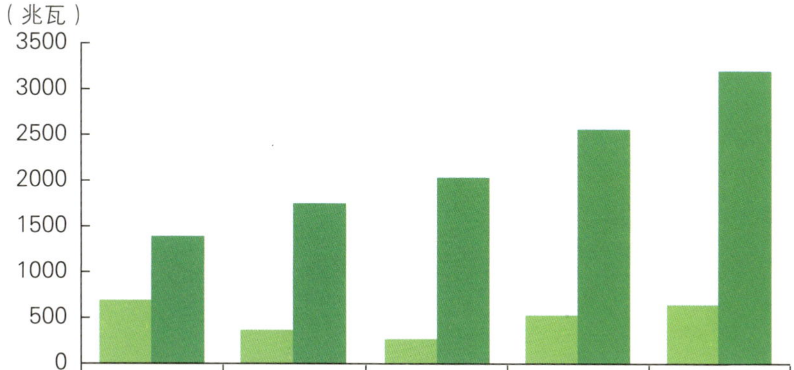

	2013	2014	2015	2016	2017
新增容量	692	369	275	529	641
累计容量	1393	1761	2036	2564	3205

（年份）

图2－13　2013—2017年中国风电机组出口容量

数据来源：CWEA

2017年，6家制造企业分别向12个国家出口风电机组。其中，金风科技出口量最大，出口到6个国家，合计197台，总容量为399.5兆瓦；其次是远景能源，出口到2个新型市场国家，共51台，总容量116兆瓦（见表2－8）。

表2－8　2017年中国风电机组制造企业出口情况

制造商	功率（千瓦）	出口国家	已发运台数	容量（兆瓦）
金风科技	1500	巴基斯坦	66	99
		美国	20	30
		土耳其	7	10.5
	2500	澳大利亚	30	75
		菲律宾	16	40
		美国	51	127.5
		智利	7	17.5
金风科技合计			197	399.5
远景能源	2000	黑山共和国	23	46
	2500	墨西哥	28	70

续表

制造商	功率（千瓦）	出口国家	已发运台数	容量（兆瓦）
	远景能源汇总		51	116
重庆海装	2000	巴基斯坦	25	50
东方电气	2500	俄罗斯	14	35
联合动力	1500	南非	15	22.5
湘电风能	2000	法国	7	14
		摩洛哥	2	4
	湘电风能合计		9	18
	总计		311	641

注：目前统计的风电机组出口情况主要针对中国内资风电机组制造商，外资风电机组制造商不包含在内。

数据来源：CWEA

截至2017年底，中国风电机组累计出口到33个国家，较2016年新增加5个国家（包括墨西哥、黑山共和国、菲律宾、法国和摩洛哥）。其中，向美国出口的风电机组容量最多，占出口总容量的17%；其次是巴基斯坦、澳大利亚、南非，出口占比分别为13%、11%和9%（见表2－9）。

表2－9　2017年中国风电机组出口国家

单位：兆瓦

国家	2017年出口容量	2017年累计出口容量
美国	157.5	552
巴基斯坦	149.0	427.0
澳大利亚	75.0	360
南非	22.5	299
巴拿马	—	270
埃塞俄比亚	—	204
瑞典	—	134
土耳其	10.5	124
泰国	—	112
意大利	—	92

续表

国家	2017 年出口容量	2017 年累计出口容量
智利	17.5	77
墨西哥	70.0	70
保加利亚	—	52
罗马尼亚	—	50
伊朗	—	50
黑山共和国	46.0	46
菲律宾	40.0	40
法国	14.0	37
西班牙	—	36
印度	—	36
俄罗斯	35.0	35
巴西	—	35
塞浦路斯	—	20
厄瓜多尔	—	17
白俄罗斯	—	9
芬兰	—	5
古巴	—	5
摩洛哥	4.0	4
英国	—	4
丹麦	—	4
玻利维亚	—	3
哈萨克斯坦	—	2
乌兹别克斯坦	—	1
总计	641.0	3205

数据来源：CWEA

2.3.2.2 风电服务业

在我国风电产业发展初期，制造业一直是风电产业发展的重中之重，但随着风电装机规模数量的快速增长，我国风电市场也逐步走向成熟，风电服务业正逐步发展成为产业主体的重要组成部分。

目前，国内风电企业，无论是制造商还是投资商都面临服务的瓶颈。由于国内风电产业规模增长过快，服务体系建设和服务人才队伍的建设都严重滞后。风电投资商更多依赖于主机设备制造商的服务，质保期以外的运维服务还没有形成完整的产业链。越来越多的企业看好了风电服务业的市场，未来风电市场的重心将由产业链的前端逐步向后端转移，风电服务市场规模在千亿元以上，呈现几何式增长。

风电整体回暖以及 2015 年出现的“抢装潮”，将在未来几年继续拉动风电运维市场。目前风电运维市场的参与者大致可以分为三类：第一类是风电场开发商自己设立专门的运维公司，如华能、大唐、龙源电力等；第二类是整机制造商成立的运维公司，向业主提供售后服务，如金风科技、明阳风电、联合动力等；第三类是专门做运维的第三方公司。

我国在装机容量方面已经成为世界第一，但在风电场运营维护管理方面，我国还非常缺乏经验，风电服务产业尚处于起步阶段，与国外企业相比差距明显。相比欧美一些国家已经发展了很多年的风电产业，我国的风电服务水平不高，技术能力、人员素质、信息化水平、管理经验、利益取向等方面与国外企业相比都存在较大差距。而制约我国风电服务业的因素还有行业标准的缺失，风电机组产品质量标准及保证体系不够完备，关于风电服务的相关管理条例尚不完善，相关的行业标准和规范也未出台。风电行业应建立统一的系统标准，包括零部件、主机、服务体系、质量管理体系、运维人员的资格认证培训等方面，只有把这些基础建立起来，风电服务行业才能规范发展。

2.4 风电发展展望

展望 2018 年，国内风电市场将有所复苏。根据我国风电发展“十三五”规划提出的总量目标，到 2020 年底，风电累计并网装机容量确保达到 2.1 亿千瓦以上，其中海上风电并网装机容量达到 500 万千瓦以上；风电年发电量确保达到 4200 亿千瓦时，约占全国总发电量的 6%。2017 年，新增并网装机容量 1500 万千瓦，累计装机容量 1.6 亿千瓦，与规划目标相差 5000 万千瓦，因此，未来三年我国年均装机容量要在 1600 万千瓦以上。另外，由于 2018 年以前核准并纳入以前年份财政补贴规模管理的陆上风电项目，需要在 2019 年底前开工建设，才能执行 2018 年之前的较高标杆上网电价，所以 2018 年、2019 年的装机需求将大幅增加。2017 年国家出台多项政策保障风电消纳，随着弃风限电改善以及特高压通道的完工，2018 年风电行业将迎来复苏，预计 2018 年行业新增装机在 20 ~ 25 吉瓦。

随着电力市场改革的进一步深入，风电平价上网、降补贴的趋势愈加明朗，政策的改革将极大地推动 2020 年前的风电开发建设。随着“三北”弃风限电问题逐步得到解决，这些地区的并网限制解除后，“十三五”规划目标总体上完成难度不大，甚至有可能超出发展预期。

（执笔人：袁婧婷）

3 太阳能光伏发电

3.1 光伏发电资源

3.1.1 太阳能资源分布

我国太阳能资源丰富，总体呈现“高原大于平原、西部干燥区大于东部湿润区”的特点。其中，青藏高原最为丰富，年总辐射量超过1800千瓦时/平方米，部分地区甚至超过2000千瓦时/平方米。四川盆地资源相对较少，有的地区甚至低于1000千瓦时/平方米。

根据年太阳总辐射量进行区划，可划分为最丰富（A）、很丰富（B）、较丰富（C）、一般（D）四个等级（见表3-1）。青藏高原及内蒙古西部是我国太阳总辐射资源“最丰富区”（大于或等于1750千瓦时/平方米），面积约占全国陆地面积的22.8%；以内蒙古高原至川西南一线为界，其以西、以北的广大地区是资源“很丰富区”，普遍为1400~1750千瓦时/平方米，占全国陆地面积的44.0%；东部的大部分地区，资源量一般为1050~1400千瓦时/平方米，属于资源“较丰富区”，占全国陆地面积的29.8%；四川盆地由于海拔较低，且全年多云雾，一般不足1050千瓦时/平方米，是资源“一般区”，占全国陆地面积的3.3%。

表 3－1　全国太阳辐射总量等级和区域分布

名称	年总量（兆焦/平方米）	年总量（千瓦时/平方米）	年平均辐照度（瓦/平方米）	占全国陆地面积的比重（%）	主要地区
最丰富区（A）	≥6300	≥1750	≥200	≈22.8	内蒙古额济纳旗以西、甘肃酒泉以西、青海 100°E 以西大部分地区、西藏 94°E 以西大部分地区、新疆东部边缘地区、四川甘孜部分地区
很丰富区（B）	5040～6300	1400～1750	160～200	≈44.0	新疆大部、内蒙古额济纳旗以东大部、黑龙江西部、吉林西部、辽宁西部、河北大部、北京、天津、山东东部、山西大部、陕西北部、宁夏、甘肃酒泉以东大部、青海东部边缘、西藏 94°E 以东、四川中西部、云南大部、海南
较丰富区（C）	3780～5040	1050～1400	120～160	≈29.8	内蒙古 50°N 以北、黑龙江大部、吉林中东部、辽宁中东部、山东中西部、山西南部、陕西中南部、甘肃东部边缘、四川中部、云南东部边缘、贵州南部、湖南大部、湖北大部、广西、广东、福建、江西、浙江、安徽、江苏、河南
一般区（D）	<3780	<1050	<120	≈3.3	四川东部、重庆大部、贵州中北部、湖北 110°E 以西、湖南西北部

3.1.2　荒漠光伏发展潜力

根据中科院地质与地球物理研究所提供的数据，基于数年来沙漠考察及利用航空照片等资料所编制的中国沙漠分布图量的结果显示，全国沙漠（包括戈壁及沙漠化土地）总面积有 130.8 万平方千米，约占全国土地总面积的 13.6%，其中沙质荒漠占 45.3%，沙漠化土地

（沙地）占11.2%，戈壁占43.5%。我国戈壁面积约57万平方千米，如果开发利用其中5%的面积即可安装超过15亿千瓦的太阳能光伏发电系统（按25平方米安装1千瓦光伏电站计算）。由此可见，我国戈壁等大型开阔地资源足够支撑我国太阳能开发利用的需求。

3.1.3 可供太阳能利用的屋顶和墙面资源丰富

根据《中国统计年鉴2012》的数据，截至2011年底，我国总建筑面积为494.1亿平方米，其中城市房屋建筑面积为212.6亿平方米，村镇房屋建筑面积为281.5亿平方米。在综合考虑城镇化率速度、年新增建筑面积、可利用面积以及建筑能耗基数等因素后进行推算，预测结果如下：

至2015年：根据我国年新增建筑面积30亿平方米的发展趋势推算，2015年我国总建筑面积约614.1亿平方米（其中城市房屋建筑面积为331.4亿平方米，村镇房屋建筑面积为282.7亿平方米）。可用屋顶及南墙面积合计261亿平方米，其中：屋顶面积为115亿平方米（东部地区50.3亿平方米，中部地区39.5亿平方米，西部地区25.2亿平方米），包括城市可用于安装光伏系统的屋面面积为20.8亿平方米，农村可利用于安装光伏系统的屋面面积为98.5亿平方米；南墙面面积为146亿平方米（东部地区64.1亿平方米，中部地区50.2亿平方米，西部地区31.8亿平方米）①。

至2020年：根据2016—2020年年均增长20亿平方米预测，到2020年我国总建筑面积约714.1亿平方米，（其中城市房屋建筑面积为385.4亿平方米，村镇房屋建筑面积为328.7亿平方米）。到2020年建筑面积中可用于安装光伏系统的面积合计304亿平方米，其中：屋面面积为123亿平方米（东部地区53.8亿平方米，中部地区42.2亿平方

① 计算方法：根据2010年国内竣工建筑面积为28亿平方米，按照2012年至2015年每年新增30亿平方米计算，根据各省市自2002年至2011年10年间的新竣工建筑面积所占全国新竣工建筑面积的比例α推算出各省、直辖市、自治区的屋面、墙面建筑光伏和光热可利用面积。2015年预测数据中，建筑平均层数统计均按照城市建筑平均层数7.9层、农村建筑平均层数2.3层进行计算。

米，西部地区 26.8 亿平方米），包括城市可用于安装光伏系统的屋面面积为 26.5 亿平方米，农村可用于安装光伏系统的屋面面积为 96.3 亿平方米；南墙面面积为 181 亿平方米（东部地区 79.3 亿平方米，中部地区 62.2 亿平方米，西部地区 38.5 亿平方米）。

根据清华大学能源互联网创新研究院《2035 全民光伏发展研究报告》的测算方法，将城市建设用地、交通建设用地、农业光伏也作为光伏可利用资源进行评估，在基本开发强度下基于已开发国土的光伏装机资源到 2030 年和 2035 年预计分别可达到 31.65 亿千瓦和 33.7 亿千瓦，其中建筑光伏一体化 2030 年预计可开发潜力为 1.67 亿千瓦，2035 年预计可开发潜力为 2.39 亿千瓦。

3.2　光伏发电政策及影响

近年来，我国逐步形成了规划、电价、财税、土地、金融、并网、技术标准以及产业引导等多层次的太阳能光伏发电政策体系。得益于光伏发电相关政策，我国光伏发电在应用规模、产业技术进步和成本下降方面都得到了长足的发展。光伏发电政策体系的目标是促进光伏产业健康、可持续发展，推动光伏发电平价上网，培育光伏发电市场竞争力。2017 年，国家能源主管部门根据光伏产业发展情况，主要围绕去补贴、有序发展、降低发电成本、推动先进技术应用和营造光伏发电市场环境出台了一系列政策。

3.2.1　光伏发电补贴退坡，完善光伏电价调整机制

光伏发电上网标杆电价和分布式光伏度电补贴是推动我国光伏发电规模化发展、促进光伏产业技术进步和降低光伏发电成本的重要政策工具。在补贴政策的激励下，我国光伏产业形成了良性的正反馈效应，光伏发电应用市场规模连续增长，带动企业研发投入不断增加，

促进电池技术不断创新，电池效率保持每年 1 个百分点以上的提高，电池组件价格相比 2015 年下降近 30%。

2017 年国家发展改革委下发《国家发展改革委关于 2018 年光伏发电项目价格政策的通知》（发改价格规〔2017〕2196 号），自 2018 年 1 月 1 日之后投运的光伏电站标杆上网电价，Ⅰ类、Ⅱ类、Ⅲ类资源区分别调整为每千瓦时 0.55 元、0.65 元、0.75 元（含税），分布式光伏度电补贴标准调整为每千瓦时 0.32 元（含税），光伏扶贫项目标杆电价保持不变。此次调整是 2013 年出台标杆上网电价以来第三次下调，上网电价比 2013 年下降了 39%。相关政策的一个重要变化是，自 2019 年起，纳入财政补贴年度规模管理的光伏发电项目全部按投运时间执行对应的标杆电价，解决了历年由于光伏发电在次年 6 月 30 日前并网可享受上一年度标杆电价的政策带来的项目集中在 6 月并网以及由此引起的光伏组件市场价格波动和电站质量隐患。

补贴退坡政策是从产业培育到逐步成熟退出的必然过程，退坡幅度和频度的确定需要紧密结合市场变化，但时机较难把握。从光伏应用规模以及产业产能发展来看，补贴退坡的幅度和频度将加大。

3.2.2 建立市场环境监测评价体系，促进光伏发电健康发展

随着光伏发电应用规模的快速扩大，企业投资过热、盲目投资导致一些地区出现弃光限电情况；另外，随着光伏投资增长，一些省区在土地使用、电网接入等方面也出现了不合理收费和不合理要求情况。为优化光伏发电投资开发环境，督促各地区为光伏发电降本增效创造有利条件，引导光伏发电开发企业理性投资，促进光伏产业持续健康发展，国家能源局 2017 年下发了《关于建立市场环境监测评价机制引导光伏产业健康有序发展的通知》（国能发新能〔2017〕79 号）。

该评价体系由竞争力和风险两类评价指标组成，采取综合评价与约束性指标判定相结合的方式进行评价分级。评价结果分为绿色、橙

色和红色三个等级，绿色表示市场环境较好，橙色表示市场环境一般，红色表示市场环境较差。竞争力评价指标包括土地条件、地方政府服务、电网企业服务、国家度电补贴强度、竞争性配置项目补贴平均降幅和地方政府补贴力度六项。风险评价指标包括弃光程度、市场消纳风险和全额保障性收购政策落实程度三项。

监测评价结果为红色的地区，国家能源局原则上在发布监测评价结果的当年暂不下达其年度新增建设规模（国家已明确的特高压外送通道配套建设的新能源基地除外）；除已纳入以往年度建设规模且已开工建设的续建光伏项目外，建议电网企业暂缓受理项目并网申请，企业谨慎投资。评价结果为绿色的地区，国家能源局将按规划保障其光伏电站开发规模并视情予以适度支持，地方政府和企业可有序安排投资建设。评价结果为橙色的地区，国家能源局在省级能源主管部门商有关方面提出有效措施保障改善市场环境的前提下，可视情况安排不超过50%的年度规划指导规模。

评价指标着重于营商环境、降低成本和发展质量，评价结果不仅是服务企业投资也是国家能源局年度新增建设规模管理的重要依据。通过科学的评价指标以及基于评价结果相配套的管理措施，市场环境监测评价机制将在完善国家光伏行业管理政策、引导企业投资、促进地方改善营商环境、提高光伏产业发展质量等方面发挥重要作用。

3.2.3 “领跑者”计划效果明显，技术领跑促进技术创新

光伏发电“领跑者”计划自2016年第一次实施以来效果明显，招标电价较同地区标杆电价水平下降显著，有效解决了路条买卖问题，挤出了地方和部门加在光伏发电项目上的不规范、不合理的额外费用。2017年，国家能源局下发了《国家能源局关于推进光伏发电“领跑者”计划实施和2017年领跑基地建设有关要求的通知》，新的“领跑者”计划在提高技术标准要求之外，还扩展增加了光伏发电技术领跑

基地。技术领跑基地通过给光伏制造企业自主创新研发、可推广应用但尚未批量制造的前沿技术和突破性技术产品提供试验示范和依托工程，以加速科技研发成果应用转化，带动和引领光伏发电技术进步和市场应用；应用领跑基地通过为已实现批量制造且在市场上处于技术领先水平的光伏产品提供市场支持，加速市场应用推广、整体产业水平提升和发电成本下降，提高光伏发电市场竞争力。

随着新一轮“领跑者”计划实施，光伏发电成本将进一步降低，先进技术得到更多市场应用，促进产业技术进步。通过市场支持和试验示范，以点带面，将加速技术成果向市场应用转化，淘汰落后技术和产能，实现产业高质量发展。

3.2.4 分布式发电市场化交易试点，促进分布式光伏规模化发展

分布式光伏发电参与市场化市场交易对减少分布式光伏投资风险、降低光伏发电成本和减少补贴进而促进商业模式创新和分布式光伏发电规模化可持续发展具有重要意义。2017 年 10 月，国家发展改革委和国家能源局联合下发了《关于开展分布式发电市场化交易试点的通知》（发改能源〔2017〕1901 号），对分布式发电参与市场交易的商业模式、交易组织以及过网费核定等方面做出了制度安排。

一是确定了三类交易模式即直购电模式、电网代售模式和电网收购模式，三类模式基本涵盖了不同场景并有效地减少了分布式光伏面临的用电负荷降低后的风险。

二是明确了电网公司的主体责任和义务，为分布式电力交易打通了政策壁垒。电网公司负责建立分布式电力交易平台并开展结算业务，电力电量平衡和偏差电量则由电网企业自动调整。

三是理清了分布式发电交易范围及过网费征收标准，为分布式电力市场确定了基本市场规则。不同电压等级的过网费征收标准以及消

纳范围的认定准则，对于电力市场参与者分析收益、确定开发方式明确了边界，减少了不确定风险。

从分布式发电市场化交易试点的实施来看，目前在过网费核定和分布式电力接入标准方面仍然有较大的争议。过网费核定是一项复杂的工作，涉及成本核定、辅助服务费用、交叉补贴等内容，政府主管部门应结合电力体制改革工作统筹加快推进。

3.3 光伏发电市场

2017 年，我国光伏发电发展总的特点为：一是装机再创新高；二是光伏发电市场东升西降，布局更加合理；三是分布式光伏全面爆发；四是弃光量和弃光率双降。

3.3.1 太阳能光伏发电再创历史新高

2017 年我国光伏发电继续保持高速增长，全国新增光伏装机容量 5306 万千瓦，同比增长 54%，占全国年度全部新增电力装机容量的 40%，占全球新增装机容量的比例超过 50%。其中，集中式光伏新增装机增速减缓，全国新增装机容量 3362 万千瓦，同比增长 11%；分布式光伏爆发式增长，新增装机达到 1944 万千瓦，同比增长 3.7 倍（见图 3－1）。

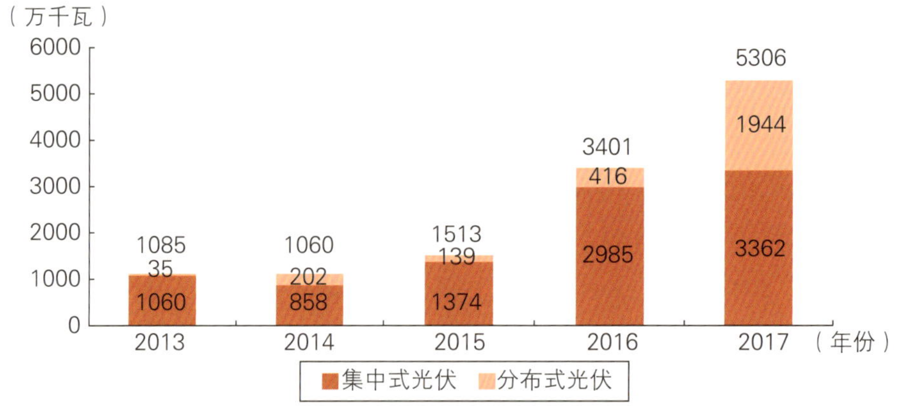

图 3－1 2013—2017 年全国光伏发电新增装机容量

资料来源：国家可再生能源中心

从各月新增装机看，2017年出现两个并网高峰：一是受“6·30”光伏发电标杆电价调整影响，6月和7月新增装机容量分别达到1315万千瓦和1221万千瓦（见图3－2），两个月新增装机容量占全年新增装机容量的近50%；二是受分布式光伏补贴调整影响，2017年第三季度新增装机容量仍保持较快增长。

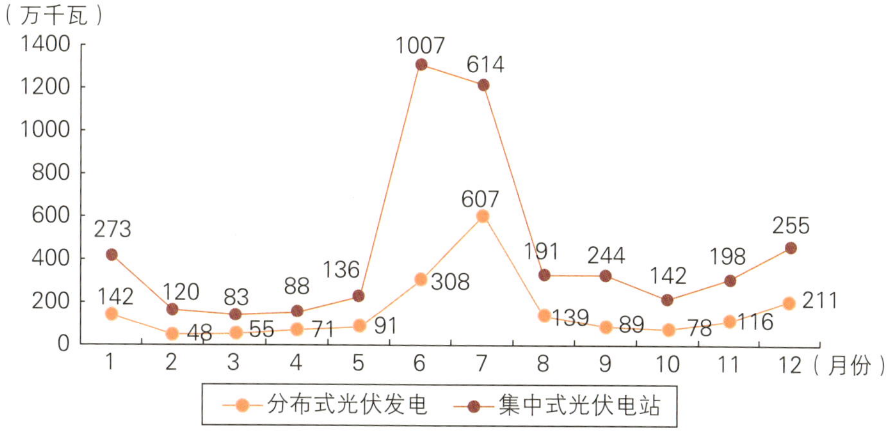

图3－2　2017年月度全国光伏发电新增装机容量

资料来源：国家可再生能源中心

3.3.2　光伏发电市场东升西降，布局更加合理

从新增装机分布来看，2017年呈现东升西降、东中西部平衡发展的新格局。2017年，西北地区光伏新增装机容量622万千瓦，同比下降38%，占全国新增装机容量的12%，同比下降17个百分点；中东部成为我国光伏发电热点地区，其中华东地区新增装机容量1467万千瓦，同比增长167%，占全国新增装机容量的27%，同比增加11个百分点；华中地区新增装机容量1064万千瓦，同比增长70%，占全国新增装机容量的20%；东北地区新增装机容量412万千瓦，同比增长213%；华北地区新增装机容量1371万千瓦，同比增长56%；华南地区新增装机容量370万千瓦，同比增长26%（见图3－3）。

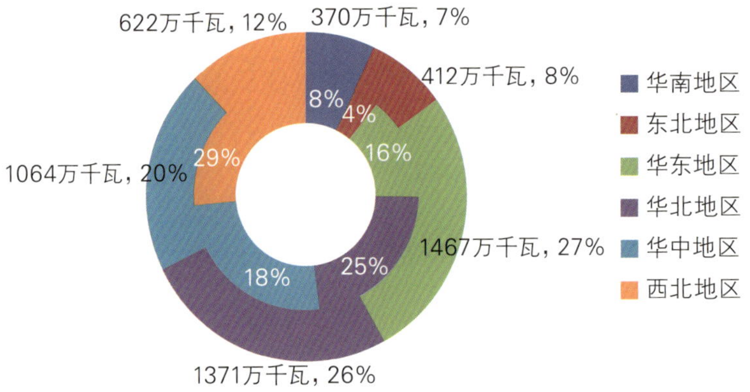

图 3－3 2016—2017 年全国分区域光伏发电新增装机情况

注：内环代表 2016 年数据，外环代表 2017 年数据。

资料来源：国家可再生能源中心

分省份看，山东、安徽、浙江、河北和河南新增装机容量超过 400 万千瓦，占全国新增装机的 46%（见图 3－4）。其中，山东、浙江、江西和福建分布式光伏新增装机超过集中式光伏，新增装机容量分别为 352 万千瓦、292 万千瓦、115 万千瓦和 42 万千瓦。

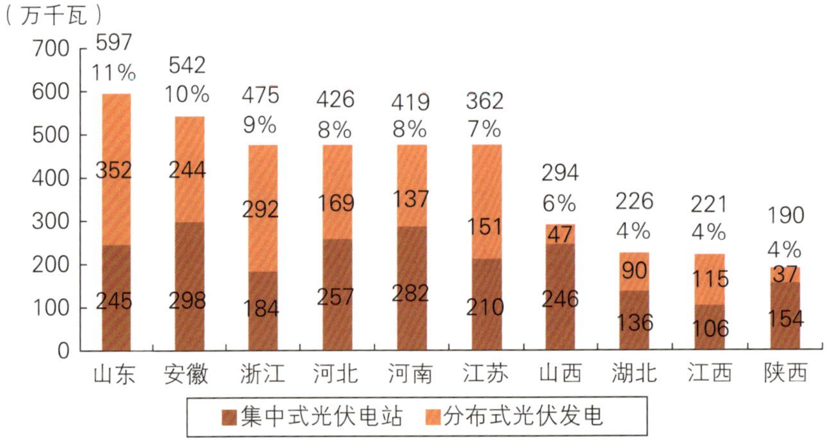

图 3－4 2017 年全国主要省（区）光伏发电新增装机及占比情况

资料来源：国家可再生能源中心

2017 年全国光伏发电累计装机容量 1.3 亿千瓦，其中集中式光伏累计装机容量 1 亿千瓦，分布式光伏 2966 万千瓦，累计装机同比增长 69%（见图 3－5），占全国总发电设备容量的 7.3%，同比提高 2 个百分点。光伏装机东中西部分布进一步平衡，在全国装机排名前十的省份中，五省为东部省份，山东光伏装机全国第一，达到1052万千瓦，新疆（含兵团）第二，装机容量933万千瓦（见表3－2）。

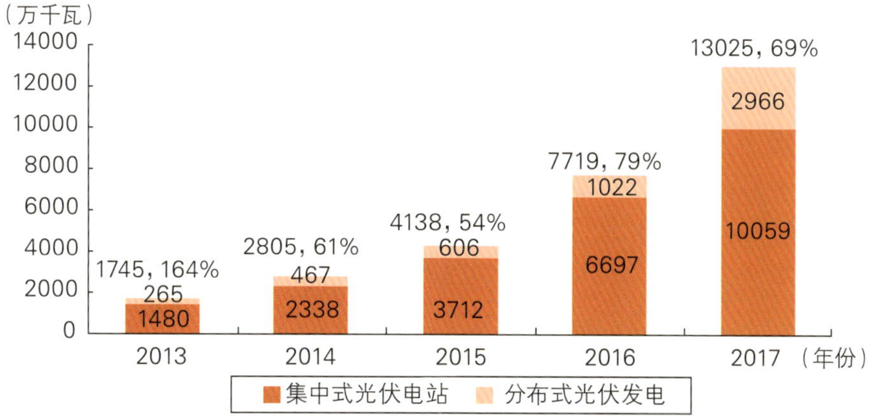

图3－5　2013—2017年全国光伏发电累计装机容量及增长率

表3－2　2017年全国光伏发电装机分布情况

单位：万千瓦

地区	光伏发电	集中式光伏	分布式光伏
华北地区	3187	2413	774
北京	25	5	20
河北	868	661	208
蒙西	583	583	0
山东	1052	581	472
山西	590	530	60
天津	68	53	15
东北地区	635	521	114
黑龙江	94	71	23
吉林	159	108	51
辽宁	223	185	38
蒙东	160	158	2
华东地区	2759	1499	1260
安徽	888	565	323
福建	92	34	59
江苏	907	584	324
上海	58	2	56

3

续表

地区	光伏发电	集中式光伏电站	分布式光伏发电
浙江	814	315	499
华南地区	823	666	156
广东	331	193	138
广西	69	63	6
贵州	157	155	2
海南	32	27	6
云南	233	228	5
华中地区	1889	1333	556
河南	703	530	174
湖北	413	304	110
湖南	176	85	90
江西	449	278	172
四川	135	126	8
重庆	13	10	2
西北地区	3731	3626	105
甘肃	785	766	18
宁夏	620	588	32
青海	790	786	5
陕西	524	476	49
西藏	79	79	0
新疆	909	908	1
新疆兵团	24	24	0
全国	13025	10059	2966

资料来源：国家可再生能源中心

3.3.3 分布式光伏呈爆发式增长，结构更加均衡

2017 年分布式光伏呈爆发式增长，新增装机达到 1944 万千瓦，同比增长 3.7 倍，主要分布在中东部地区的山东、浙江、安徽和河北，四省装机占全国新增分布式装机的 55%（见图 3－6）。2017 年，全国分布式光伏发电累计装机容量 2966 万千瓦，在光伏装机总容量中的比重

提高到23%，同比增加10个百分点，光伏发电装机结构进一步优化。

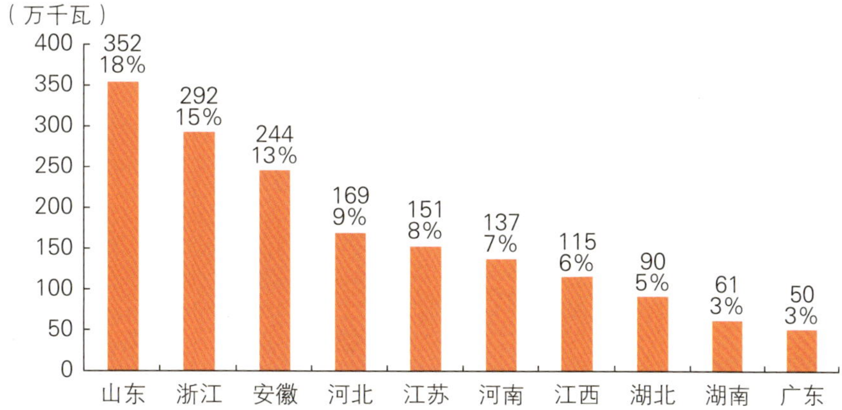

图3-6　2017年全国分布式光伏发电累计装机情况

资料来源：国家可再生能源中心

3.3.4　弃光"双降"，利用小时数提升

2017年，光伏发电量突破千亿千瓦时，达到1182亿千瓦时（见图3-7），同比增长79%。其中集中式光伏电站发电量1026亿千瓦时，同比增长65%；分布式光伏发电量156亿千瓦时，同比增长1.8倍。2017年光伏发电在全部发电量中的比重进一步提高，由2016年的1.1%提高到1.8%。

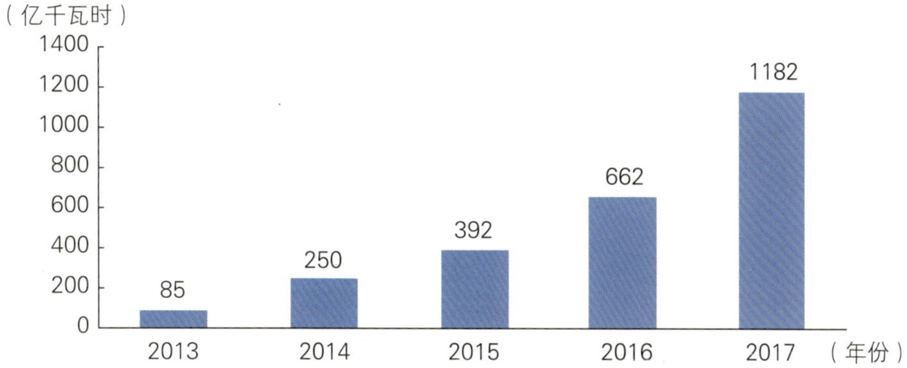

图3-7　2013—2017年中国光伏发电量情况

资料来源：国家可再生能源中心

2017年，全国集中式光伏电站平均利用小时数1204小时，同比上

升 74 小时（见图 3－8）；利用小时数较高的是内蒙古（1617 小时）、青海（1514 小时）、四川（1455 小时）、山西（1371 小时）和云南（1345 小时）。

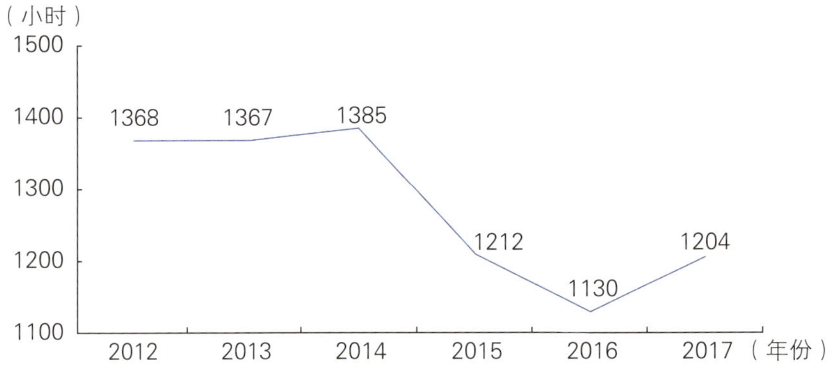

图 3－8　2012—2017 年全国光伏发电利用小时数情况

资料来源：国家可再生能源中心

2017 年，光伏发电弃光率和弃光电量双降。弃光率下降到 7%，同比下降 4 个百分点；全国弃光电量 73 亿千瓦时，同比减少 2 亿千瓦时。弃光严重的新疆（不含兵团）、甘肃、青海和宁夏弃光电量分别为 28.2 亿千瓦时、18.5 亿千瓦时、7.5 亿千瓦时和 4.8 亿千瓦时，弃光率分别为 22%、20%、6% 和 6%，同比分别下降 9.3 个、9.8 个、2.1 个和 0.9 个百分点。陕西弃光电量 5.1 亿千瓦时，弃光率 9%，同比上升 4.4 个百分点（见图 3－9）。

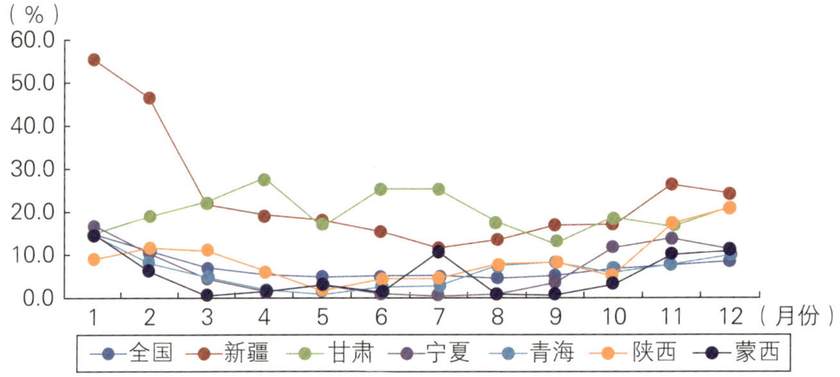

图 3－9　2017 年 1—12 月全国主要省（区）弃光情况

资料来源：国家可再生能源中心

3.4 光伏发电产业

3.4.1 多晶硅

根据中国光伏行业协会统计，2017 年，全球多晶硅产能 51.6 万吨，产量达到 44.2 万吨，同比增长 15.9%；2017 年，我国开工多晶硅企业达到 22 家，产能达 27.7 万吨，产量达到 24.2 万吨（见图 3－10），同比增长 24.7%；占全球总产量的 54.8%，同比提高 6.3 个百分点。

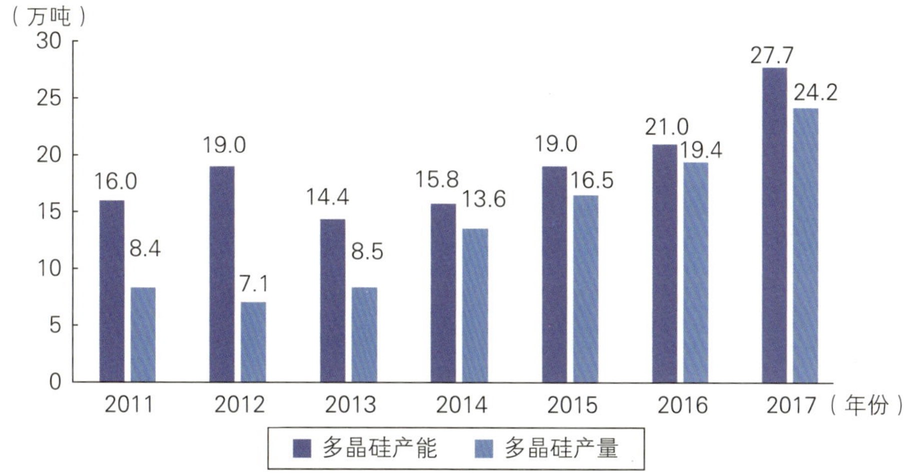

图 3－10　2011—2017 年中国多晶硅产能和产量情况

数据来源：中国光伏行业协会

为提高市场竞争力，我国多晶硅企业不断提高生产工艺水平，大型骨干企业多晶硅生产能耗、物耗大幅下降，综合电耗已降至 45 千瓦时/千克，综合成本降至 6 万元/吨，达到国际先进水平；行业平均综合电耗已降至 75 千瓦时/千克，相比 2016 年下降 5 千瓦时/千克，行业平均成本降至 8 万元/吨，同比下降 1 万元/吨。

2017 年，在光伏装机快速增长的需求拉动下，市场供不应求，价格保持上涨态势，全年平均价格 13.5 万元/吨，同比上涨 5.6%。在市场预期向好的影响下，我国多晶硅生产企业进入新一轮产能扩张阶段（见表 3－3），预计 2018 年国内多晶硅产能将到达 43.5 万吨。

表 3 –3　2017 年中国主要多晶硅生产企业生产情况

序号	企业	产能（吨）	产量（吨）
1	江苏中能	74000	74818
2	新特能源	30000	29400
3	新疆大全	18000	20200
4	洛阳中硅	18000	18212
5	四川永祥	20000	16000
6	亚洲硅业	15000	14250
7	赛维 LDK	10000	10272
8	内蒙古盾安	1000	8277
9	宜昌南玻	8000	8100
10	昆明冶研	6000	6080
11	国电晶阳	6000	5088
12	神州硅业	6000	4388
13	四川瑞能	7000	5100
14	东方希望	15000	4300
15	江苏康博	10000	4250
16	其他	26600	13048
合计		276600	242400

数据来源：中国光伏行业协会

2017 年，我国全年累计进口太阳能级多晶硅 15.6 万吨，同比增长 14.7%，其中来自韩国、德国和美国三个国家的进口多晶硅，分别占总进口量的 45.3%、30.3% 和 4.3%。

3.4.2　硅片

2017 年，全球硅片产能约 122.3 吉瓦，同比增长 22.3%；产量 105.2 吉瓦，同比增长 40.6%。我国硅片总产能达到 105 吉瓦，同比增长 28.2%，全球占比达到 85.9%；产量 91.7 吉瓦，同比增长 41.5%，全球占比达到 87.2%（见图 3 –11）。从 2017 年新增产能来看，主要聚集于单晶拉棒环节，单晶硅片产量 28.4 吉瓦，占硅片总产出的 31%。

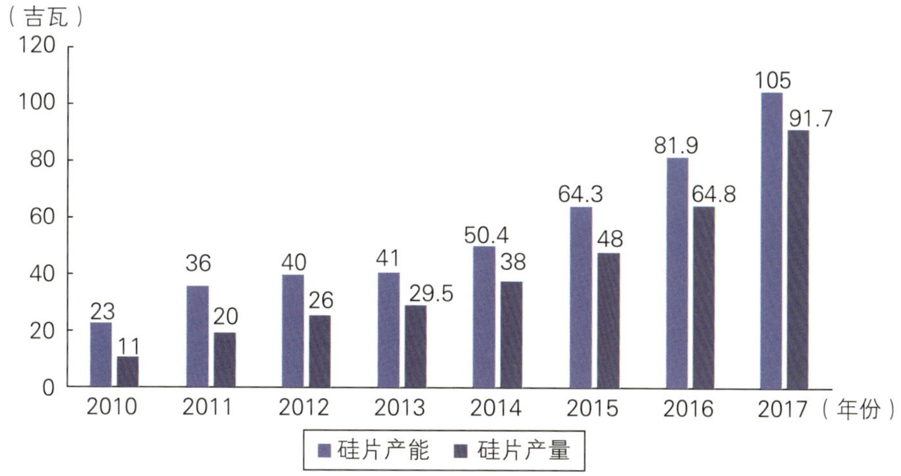

图 3－11　2010—2017 年中国硅片产能和产量情况

数据来源：中国光伏行业协会

硅片企业集中度较高，全国前十大硅片产能达到 71.3 吉瓦，占全国总产能的 67.9%，产量 60.8 吉瓦，占全国总产量的 70.5%。保利协鑫是全球最大的多晶硅片生产企业，产能达到 22.1 吉瓦，产量 23.9 吉瓦，占全国产能和产量比重分别达到 21% 和 26%。西安隆基作为全球最大的单晶硅片生产企业，产能和产量分别达到 14.4 吉瓦和 10.4 吉瓦，占全国产能和产量比重分别达到 13.7% 和 11.3%（见表 3－4）。

表 3－4　2017 年中国主要硅片企业产能和产量情况

序号	企业	产能（吉瓦）	产量（吉瓦）
1	保利协鑫	22.1	23.9
2	西安隆基	14.4	10.4
3	晶科能源	8	6.8
4	中环光伏	8	6.1
5	旭日雷迪	3.7	3.6
6	环太集团	3.3	3.2
7	晶澳太阳能	3	2.7
8	天合光能	2.8	2.7
9	荣德新能源	2.6	2.7
10	英利集团	3.4	2.6

续表

序号	企业	产能（吉瓦）	产量（吉瓦）
11	昱辉阳光	2.7	2.4
12	大海	2.2	2
合计		76.2	69.1

数据来源：中国光伏行业协会

3.4.3 电池片

（1）产业规模再创新高

2017年，我国电池片生产规模再创新高，总产能约为82.8吉瓦，产量为72吉瓦（见图3-12），同比增长41.2%，约占全球总产量的69%。我国前十大电池片企业产能和产量分别达到40.3吉瓦和37吉瓦，分别占全国总产能和产量的48.7%和51.3%，产业集中度有所提高，但相比多晶硅和硅片要低。2017年，天合和晶澳产量分别达到5.5吉瓦和5.3吉瓦（见表3-5），位居全球第一和第二。2017年，我国电池片出口稳步增长，电池片出口量约4.8吉瓦，出口额约为9.9亿元，同比增加22.8%。我国光伏企业积极实施产业全球布局计划，截至2017年底，我国已建成海外电池片产能8.5吉瓦，主要集中在东南亚。

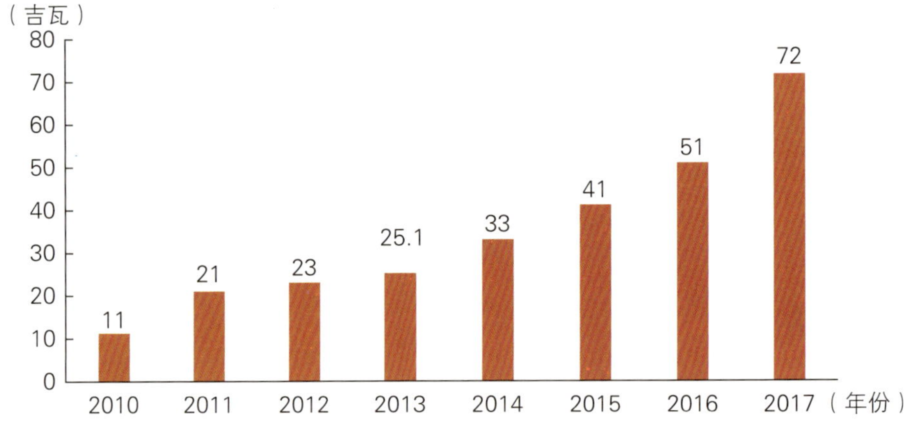

图3-12　2010—2017年中国电池片产量情况

数据来源：中国光伏行业协会

表 3-5 2017 年中国主要电池片企业产能和产量情况

序号	企业	产能（兆瓦）	产量（兆瓦）
1	晶澳	5800	5300
2	天合	5600	5500
3	通威太阳能	5600	4100
4	阿特斯	4100	4000
5	顺风光电	3500	3900
6	晶科	3400	3600
7	广东爱旭	4500	3500
8	英利绿能	3600	3100
9	东方日升	2200	2000
10	隆基绿能	2000	2000
11	江西展宇	2500	2000
12	海润光伏	1600	1600
13	鸿禧光伏	1400	1500
14	横店东磁	1800	1500
15	山西晋能	1400	1300
合计		49000	44900

数据来源：中国光伏行业协会

（2）生产成本持续下降，高效电池产业化进程加速

2017 年，先进企业多晶电池片生产成本已降至 1.1 元/瓦，单晶成本也降至 1.1 元/瓦，单多晶纯加工成本已降至 0.3 元/瓦。市场价格方面总体呈下降趋势。受供需关系影响，上半年电池片价格缓慢回升，第三季度、第四季度价格持续下降。156 毫米单多晶电池片 2017 年年中最高价格分别为 1.2 美元/片和 0.98 美元/片，第四季度单多晶价格分别下降至 0.995 美元/片和 0.89 美元/片，全年降幅分别为 15% 和 7%。

2017 年，我国光伏企业生产工艺不断进步，普通单多晶电池效率分别达到 20.2% 和 18.6%。以多晶黑硅、多晶黑硅叠加 PERC、单晶 PERC 为代表的高效电池产能达到 19.2 吉瓦，产量 11.28 吉瓦，单多

晶高效电池转换效率分别达到21.3%和19.2%（见图3－13）。

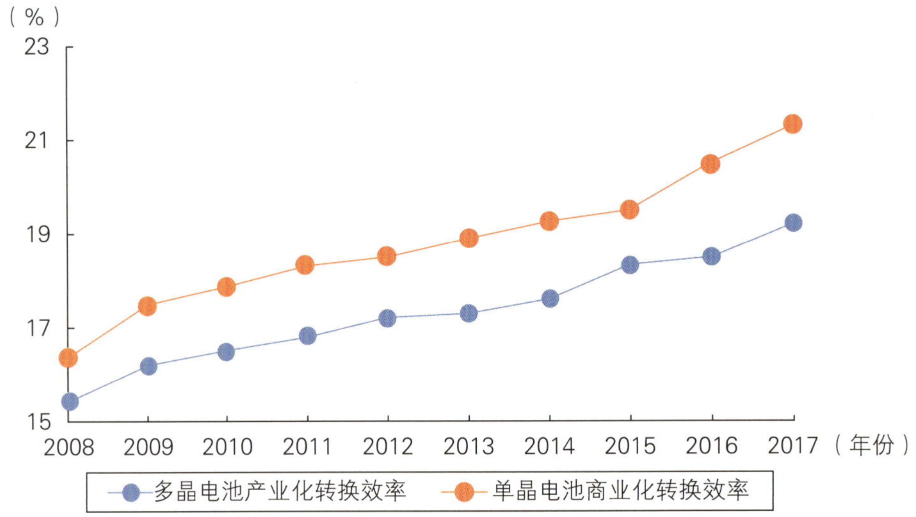

图3－13　2008—2017年中国电池产业化转换效率

资料来源：中国光伏行业协会

3.4.4　电池组件

（1）电池组件生产规模持续扩大，生产成本保持下降

根据中国光伏行业协会统计，2017年，全球光伏组件产能达148吉瓦，产量达到105.5吉瓦，同比增长35.4%；我国组件产能（不含国外投资建厂）约为105.4吉瓦，产量约为75吉瓦（见图3－14），同比增长39.7%，约占全球光伏组件产量的71.1%，同比提升2个百分点。

组件企业通过扩大生产规模、提升产品效率和降低耗材等方式降低组件生产成本，尽管降幅非常有限，但仍保持了下降趋势。根据光伏企业上市财报数据，2017年，组件生产总成本下降至0.31美元/瓦，较2016年下降0.04美元/瓦。国内单多晶组件招标价格从2017年初的3.1元/瓦和3元/瓦，分别下降至2017年末的2.7元/瓦和2.85元/瓦。

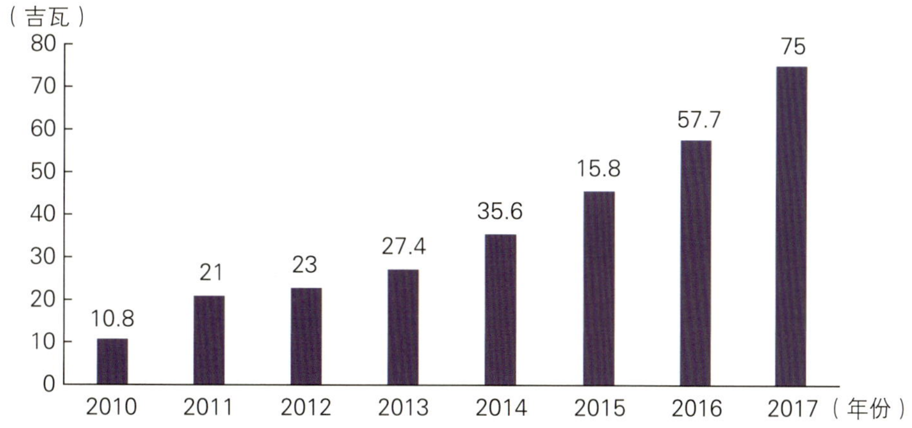

图 3 - 14　2010—2017 年中国电池组件产量情况

资料来源：中国光伏行业协会

我国光伏组件行业集中度下滑，排名前十的光伏组件企业总产量达到 41.5 吉瓦，约占全国总产量的 55.3%，同比下滑 2.4 个百分点；排名前 20 的光伏组件企业总产量达到 53.8 吉瓦，约占全国总产量的 71.7%，同比下降 3 个百分点（见表 3 - 6）。

表 3 - 6　2017 年中国主要组件生产企业产能和产量情况

序号	企业	产能（兆瓦）	产量（兆瓦）
1	晶科	6500	6000
2	阿特斯	6500	5910
3	晶澳	7000	5730
4	天合	5700	4800
5	协鑫集成	5400	4610
6	乐叶光伏	6200	4381
7	英利	4300	3026
8	东方日升	6300	2885
9	韩华	2500	2390
10	顺风光电	2200	1812
合计		52600	41544

数据来源：中国光伏行业协会

（2）组件性能不断提升

2017 年，在高效光伏组件市场需求不断扩大的拉动下，我国光伏组件生产企业不断引入新技术提高组件效率。除在生产中导入高透玻璃、高效焊带、贴膜技术、高效汇流条等辅助增效技术外，企业在半片、叠片、MBB、无主栅等高效组件方面也加快技术储备。领先企业单晶组件应用 PERC 技术后 60 片版型量产功率可达 300 瓦，研发功率则在 320 瓦；多晶组件 60 片版型量产功率可达 280 瓦，研发功率则在 300 瓦。

（3）国际贸易环境复杂，组件出口小幅下滑

2017 年，我国光伏企业受到美国“201 调查”、印度反倾销调查和土耳其反倾销调查。美国对进口光伏电池片和组件征收 30% 关税，税率在此后 3 年逐年递减 5%，执行期 4 年。2017 年 4 月，土耳其经济部对中国太阳能组件反倾销案做出裁决，对我国太阳能产品征收为期 5 年反倾销税，其中 16 家应诉企业税率每平方米 20 美元，其他企业税率每平方米 25 美元。尽管印度最终终止了对中国的反倾销调查，但加剧了企业出口的担忧。复杂的国际贸易环境，也促使一些企业到消费市场国投资建厂。

2017 年，我国光伏组件出口额 104.5 亿美元，同比下降 0.5%。印度取代日本为中国光伏组件出口最大市场，2017 年中国组件对印出口额 31.1 亿美元，同比增长 39.1%，占总出口额的 29.8%；对日本出口额为 20.4 亿美元，同比下降 21.1%；对澳大利亚出口额为 13.06 亿美元，同比增长 91.2%（见表 3－7）。

表 3－7　2017 年中国光伏组件主要出口目的地国家的情况

序号	国家	2016 年出口额（亿美元）	同比变化（%）
1	印度	31.10	39.1
2	日本	20.40	－21.1
3	澳大利亚	13.06	91.2

续表

序号	国家	2017 年出口额（亿美元）	同比变化（%）
4	美国	6.17	-52.8
5	墨西哥	5.55	511.9
6	阿联酋	3.13	451.2
7	巴基斯坦	3.04	-4.9
8	荷兰	2.58	-55.7
9	巴西	2.35	-28.1
10	韩国	2.33	39.9

数据来源：中国光伏行业协会

3.5 光伏发电发展展望

“十三五”以来，我国太阳能光伏发电市场保持快速增长，市场增长新动能转换明显，弃光限电进一步改善，先进技术逐步规模化应用，光伏发电成本持续下降，一些地区已实现平价上网。但同时，光伏发电产业仍然面临补贴拖欠、依赖补贴和市场环境不成熟等问题。

光伏发电装机超预期增长，2016 年和 2017 年两年新增装机容量达到 8707 万千瓦，是整个“十二五”期间新增装机容量的 2 倍，累计装机容量达到 1.3 亿千瓦，占全部发电设备容量的 7.3%。2017 年光伏发电量突破千亿，达到 1182 亿千瓦时，同比增长 79%，在全部发电量中的比重由 2016 年的 1.1% 提高到 1.8%。

光伏发电市场增长新动能转换明显，分布式光伏和“光伏 +”应用增长迅猛，2016 年和 2017 年两年新增分布式光伏 2360 万千瓦，是整个“十二五”期间新增分布式装机的近 4 倍。“十三五”期间，在市场环境监测评价机制以及规模管理等政策引导下，装机分布地域转移特征明显，发展布局更加平衡。截至 2017 年底，西北地区光伏累计装机在全国占比由 2015 年的 51% 下降到 29%，中东部成为我国光伏发电热点地区，其中华东地区和华中地区累计装机占比分别提高到 21% 和

15%，相比 2015 年末分别提高了 4 个和 10 个百分点。

多措并举，弃光限电明显改善。2017 年光伏发电弃光率和弃光电量双降，2017 年弃光率下降到 7%，同比下降 4 个百分点；全国弃光电量 73 亿千瓦时，同比减少 2 亿千瓦时。这主要得益于：一是建立光伏发电市场环境监测评价及预警制度，对弃光限电严重地区限制新增光伏装机，同时提高本地消纳以及加快远距离输电通道建设；二是全面落实《可再生能源发电全额保障性收购办法》，同时促进光伏发电企业积极参与电力市场交易，促进光伏发电的消纳。

光伏组件和光伏系统成本持续降低，我国多晶硅组件价格从 2015 年的 3.6 元/瓦下降到 2017 年的 2.6 元/瓦，降幅达到 27%；光伏系统造价从 2015 年的 8 元/瓦下降到 2017 年的 6 元/瓦以下，降幅达到 25%。光伏“领跑者”通过提高技术门槛以及上网电价竞争，大大促进了光伏发电成本的持续下降。在青海光照资源丰富地区，光伏发电招标电价已降至 0.31 元/千瓦时，已经接近发电侧平价上网，相比 2015 年该地区标杆电价下降幅度达到 66% 以上。在东部工商业电价较高地区，自用电量较高且稳定的工商业分布式光伏发电已具备去补贴的条件。

“十三五”期间，可再生能源基金缺口不断扩大，到 2017 年底缺口预计超过 1000 亿元。由于近两年的光伏发电项目未能及时进入可再生能源电价补助目录，造成补贴拖欠，不仅影响企业现金流，造成企业再投资和融资成本，而且融资成本的提高进一步增加了度电价格，减缓了光伏平价上网的进程。

光伏发电在一些地区已接近平价上网，具备去补贴的条件，但在补贴退出而市场环境尚未完善的情况下，光伏发电市场面临较大的波动风险。从 2018 年 5 月下发的《关于 2018 年光伏发电有关事项的通知》市场变化来看，在光伏发电市场化交易、分布式并网接入标准等市场规则尚不完善的情况下，市场容易出现大起大落。

展望未来，在去补贴和市场化发展的环境下，政策应着力加强在土地费用、电网接入费用以及税费等非技术成本方面的改善，营造良好的光伏发展市场环境；通过完善市场机制并推进系统优化，包括深入推进电力体制改革形成现代电力市场机制、加快电力现货市场建设、落实可再生能源电力配额制以及电力绿色证书及交易机制等，进一步激发光伏发电市场发展动能。2018 年，光伏市场将呈现分布式加速、集中式电站进一步稳定的新局面。随着光伏系统成本快速下降和新增产能释放，2018 年产业链价格会出现较大幅度的下跌，去补贴分布式光伏项目进一步增多，商业模式不断创新，普通光伏电站上网电价将进一步降低，光伏发电全面平价上网区域将进一步扩大。

（执笔人：刘建东）

4 太阳能热利用

太阳能热利用主要包括太阳能热水器、太阳能热发电、太阳灶和太阳房等。太阳能热利用技术成熟、应用广泛，目前在我国已经实现了规模化发展。

4.1 太阳能热利用现状

4.1.1 中国太阳能热利用应用规模不断增长，但市场持续下滑

太阳能热利用技术成熟、应用广泛，主要技术有太阳能热水系统、太阳能取暖、太阳能制冷等，用于生活及工业热水、取暖及制冷等的热能供应。我国的太阳能热水器已经实现了市场化运营，截至 2017 年底，我国太阳能热利用累计热装机容量 334.5 吉瓦（集热器面积 4.78 亿平方米），占全球累计安装量的 70% 以上，是全球太阳能热利用应用规模最大的国家。

虽然我国太阳能热利用装机规模全球最大，但是新增市场规模连续下滑，2017 年新增量为 26 吉瓦（集热面积 3723 万平方米），同比下滑 5.7%。尽管下滑幅度相比 2016 年的 9.2% 有所降低，但整个市场仍面临增长乏力的局面（见图 4－1、图 4－2）。

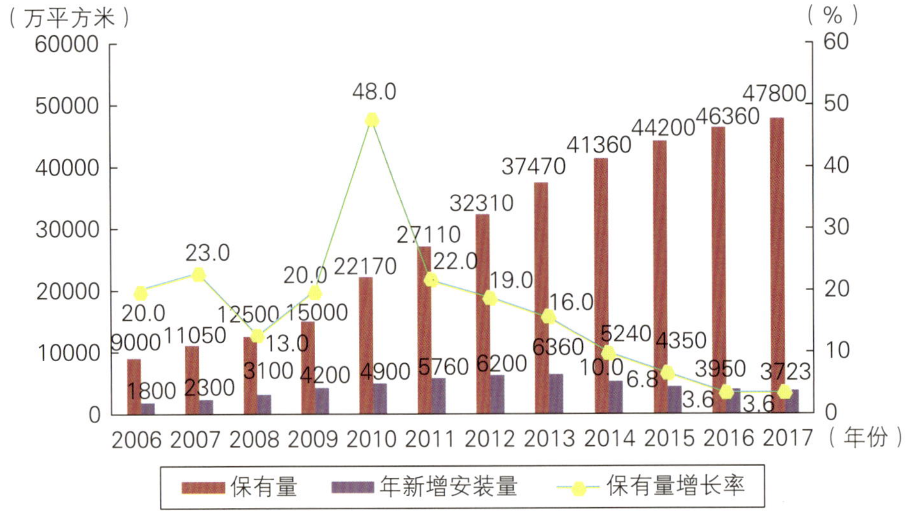

图 4-1　2006—2017 年太阳能热利用市场发展状况

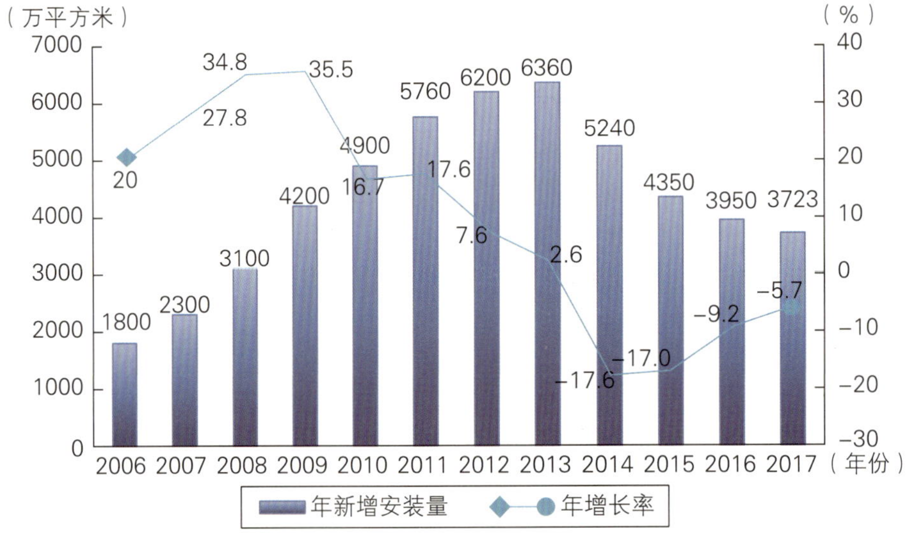

图 4-2　2006—2017 年太阳能热利用年新增市场情况

4.1.2　太阳能热利用应用新领域不断拓展，但规模仍然较小

随着中、低温技术的不断发展，我国太阳能热利用行业的应用领域正从过去单一的家用太阳能生活热水扩大到与建筑结合的供热采暖、制冷空调以及工农业利用等多个领域。在国家和各级政府的重视和推动下，近年来我国相继建成了一些短期蓄热和季节蓄热的太阳能供热

采暖示范工程，印染纺织等领域太阳能热水工程的应用进入示范推广阶段，木材、粮食、烟草、果蔬、建材等物料干燥领域和农业育种、温室大棚、海水淡化、热发电等工农业领域示范工程数量也快速增加，但受应用技术、成本等方面的制约，市场应用规模还较小。

4.1.3 热利用产业仍以真空管为主，平板近几年增长较快

我国太阳能热利用产业仍然以真空管型产品为主，约占全国市场的90%以上。真空管热利用产业从技术研发、产品、工艺、装备和制造等方面形成了较为完善的自主知识产权体系，拥有各类专利2000多项，其中国际专利10多项，发明专利近百项。实现了工业化生产模式，在全球具有较强的市场竞争力，是具有核心竞争力的民族产业。我国以“立式单靶磁控溅射铝—氮/铝选择性吸收涂层全玻璃3.3真空管”（以下简称“中国真空管”）技术为代表的真空管型太阳能集热技术及装备具有世界领先水平。

2017年，平板技术在我国持续发展，在引进的磁控溅射平板太阳能选择性吸收真空镀膜（以下简称“蓝膜”）技术经过消化吸收再创新后，其热性能已经达到国际先进水平，在耐候性方面已跃居世界前列。我国已经有越来越多的企业开始生产平板集热器，一些太阳能热利用生产企业已经能够生产大型平板集热器，以应用到大型工程当中。

4.1.4 产业结构调整持续，产业集中度进一步提升

我国太阳能热利用产业开始发展时，由于准入门槛低，小企业数量多，大型企业少，手工、半自动制造的企业多，装备和技术水平差异大。这几年由于激烈的市场竞争，一些低质低效的小企业逐渐退出市场，大企业的市场份额逐步提高，整个产业的集中度进一步提高，目前已经形成了山东、北京、江苏、浙江、广东、云南六大产业集群。截至2017年底，全行业开工企业数量由原先的3000家左右减少到1000

家左右，一些缺乏创新、小规模、低水平的企业逐渐被淘汰出市场。

4.1.5 工程应用主导市场，户用市场逐渐萎缩

我国的太阳能热利用市场前几年在家电下乡、强制安装等政策的影响下，户用系统市场一直增长较快。但从 2014 年以后，随着政策的调整和市场的发展，热利用开始转向工程应用市场。2017 年，市场结构转向由工程市场为主、零售市场为辅的格局，工程应用的市场份额超过 2/3（见图 4－3）。

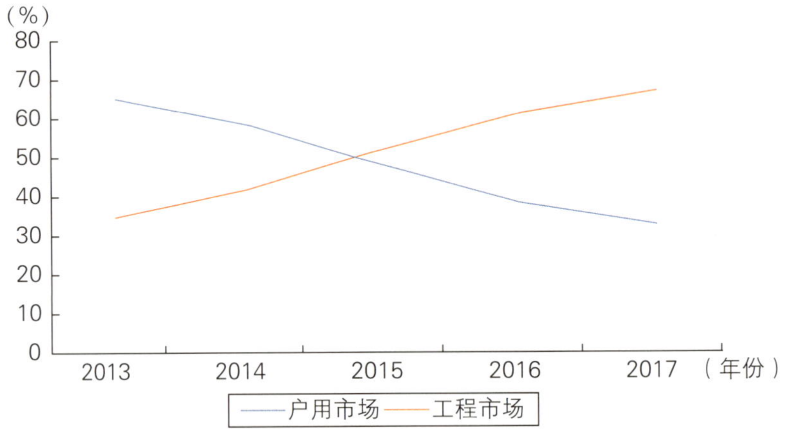

图 4－3　2013—2017 年中国太阳能热利用市场发展趋势

4.1.6 产业仍需国家层面政策引导，地方政策支持热利用发展

我国国家层面没有针对太阳能热利用的激励政策，只在一些国家层面的电器产品政策中有所惠及，如国家层面实施的“家电下乡活动”和“节能惠民工程”都将太阳能热水器纳入了支持范围，但这些政策目前都已停止实施。目前正在实施的与太阳能热利用有关的国家层面的政策是建设部“可再生能源建筑应用示范城市”，其中对太阳能热利用产品进行了重点支持。另外，在地方层面，我国多个地方政府以“强制安装”方式推广太阳能热利用的应用，尤其是太阳能热水器与建筑一体化的应用。这些政策的实施有效地推动了太阳能热利用市场的发展，具体体现在以下方面：

（1）家电下乡政策

家电下乡政策是中国政府于2008年12月宣布的财政政策方案，目的是扩大家电内需市场。太阳能热水器家电下乡从2009年开始实施，2012年随着整体政策的规定，太阳能热水器的家电下乡逐步停止实施。太阳能热水器家电下乡使太阳能热利用产品的销售与售后服务渠道逐步在农村市场得以扩展，太阳能热水器产品在农村市场的普及加速，促进了整个太阳能热水器行业的快速发展。

节能惠民工程由国家发展改革委、工信部、财政部于2007年联合发布，旨在推进节能减排战略，通过财政补贴方式对能效等级1级或2级以上的十大类高效节能产品进行推广应用。太阳能热水器是2012年6月纳入节能产品惠民工程的，实施期为1年，目前已停止。节能惠民工程的实施对推动太阳能热水器能效标准、提升太阳能热水器产品质量、提高高效太阳能热水器的市场份额、完善太阳能热水器产品的检测等产业服务能力建设等发挥了重要作用。

（2）可再生能源建筑应用示范城市

"可再生能源建筑应用示范城市"是财政部、住房和城乡建设部于2009年为落实国务院节能减排战略部署，加快发展新能源与节能环保新兴产业，推动可再生能源在城市建筑领域大规模应用而采取的一项措施。从这几年政策实施的情况看，可再生能源建筑应用示范城市推广最多的技术是太阳能热利用技术和热泵技术，这带动了太阳能热利用产业的发展，同时促进了太阳能热利用产品与建筑的结合。推动了太阳能热利用技术应用的国家相关技术标准的贯彻和执行，促进了太阳能热利用产品在建筑上应用的相关设计、施工、验收标准、规程及图集等，提高了太阳能与建筑一体化的应用水平。

（3）强制安装政策

强制安装政策是我国地方政府层面实施的针对太阳能热利用应用技术推广的一项措施，通过行政手段，强制要求新建建筑必须安装太阳能热水器，政府不提供任何财政支持。该政策是通过实施在用户端的强制安装政策，营造出一个稳定的太阳能热水器市场，从而带动太阳能热水器技术和产业的发展。2017 年，我国已有 20 多个省、自治区、直辖市出台了强制安装政策。强制安装政策对推动我国太阳能热利用产品应用发挥了重要作用，使得太阳能热利用产品在建筑上尤其是新建建筑上，得到了规模化利用。

虽然，太阳能热利用在国家相关宏观政策和地方强制安装政策的扶持下得到了快速发展，但目前整个太阳能热利用行业的发展进入瓶颈期，且与其他可再生能源相比，在税收、补贴、金融等政策的力度、可操作性方面还有明显差距，尤其在太阳能供暖制冷、太阳能工农业利用等新兴应用领域的拓展方面需要政策引导和推动。

（4）《北方地区冬季清洁取暖规划（2017—2021 年）》

2017 年国家下发《北方地区冬季清洁取暖规划（2017—2021 年）》，推动高效用能系统，实现低排放、低能耗的取暖方式。该规划提出，到 2021 年实现太阳能供暖建筑面积达到 5000 万平方米；大力推广太阳能供暖，积极推进太阳能与常规能源融合，采取集中式与分布式结合的方式进行建筑供暖；鼓励在条件适宜的中小城镇、民用及公共建筑上推广太阳能供暖系统；在农业大棚、养殖场等用热需求大且与太阳能特性匹配的行业，充分利用太阳能供热；进一步推动太阳能热水应用；在太阳能资源适宜地区，加大太阳能热水系统推广力度；以小城镇建设、棚户区改造等项目为依托，推动太阳能热水规模化应用；支持农村和小城镇居民安装使用太阳能热水器，在农村推行太阳能公共浴室工程；在城市新建、改建、扩建的有稳定热水需求的公共建筑和住宅建筑上，推动太阳能热水系统与建筑的统筹规划、设计和应用。

（5）《关于北方地区清洁供暖价格政策的意见》

2017 年国家发展改革委印发《关于北方地区清洁供暖价格政策的意见》（发改价格〔2017〕1684 号），按照“企业为主、政府推动、居民可承受”的方针，遵循因地制宜、突出重点、统筹协调的原则，宜气则气，宜电则电，建立有利于清洁供暖价格机制，综合运用完善峰谷价格、阶梯价格，扩大市场化交易等价格支持政策，促进北方地区加快实现清洁供暖

2017 年山东省继续深入实施工业绿动力计划，继 2016 年关停 10 吨燃煤锅炉后，2017 年将对 20 吨的锅炉进行改造。2015 年山东省正式启动实施“工业绿动力”计划，对工业领域太阳能集热系统按照日产热水 6000 元/吨进行补贴，同一个企业只能一次性享受财政补贴且最多不超过 150 万元。

4.2 太阳能热利用发展展望

4.2.1 太阳能热利用亟待突破瓶颈，拓展应用范围

（1）太阳能热利用市场增长乏力

从 2014 年开始，太阳能热水利用市场增长放缓，首次出现负增长，2017 年市场连续第四年下滑，热水应用市场已经进入瓶颈期。未来，太阳能热利用应逐步改变只提供热水的局面，在太阳能供暖和制冷及太阳能工农业应用方面发挥更大的能源替代作用，拓宽太阳能热利用的市场空间。

（2）太阳能热利用实现“十三五”目标面临很大挑战

按照“十三五”的发展规划目标，到 2020 年全国太阳能热利用集热面积达到 8 亿平方米，即每年需新增集热面积近 1 亿平方米。从目前发展速度来看，市场规模逐渐萎缩，与发展目标之间还存在较大的差距，实现太阳能热利用规划目标面临很大的挑战。因此，未来几年太阳能热利用需要加速开拓市场，加大市场开发力度，加速提升市场规模。

（3）产业制造水平和质量监控还需提高

经过近 20 年的发展，我国太阳能热利用产业已经拥有完整产业链，

但整个行业起步较晚，准入门槛低，产业集中度不高，在制造装备、产品质量、产品档次、管理水平等方面与发达国家尚有差距，生产制造的自动化水平还有待进一步提高，生产过程中的产品质量监控也需要进一步加强，对于市场方面的低价竞争、工程验收等也都需要增强监管。

（4）行业支撑服务体系还需加强

太阳能热利用行业已初步形成了比较完善的标准体系，检验、认证体系也初步建立，但标准体系还需要完善和提高，检测能力还需要进一步加强，认证有效性尚需进一步提升，研发和技能型人才短缺问题依然突出，整个产业服务体系尚需进一步完善，加强对行业的支撑。

4.2.2 太阳能热利用在热能替代方面具有较大潜力

（1）太阳能热利用是节能减排的重要力量

近几年随着气候变化的加剧及国际形势的变化，我国面临的节能减排压力越来越大，太阳能热利用产业作为目前可再生能源领域发展比较成熟的行业，可以为我国的节能减排做出重要贡献。太阳能热水器已经在我国实现了规模化生产和市场化运行，其经济性得到了市场的认可；更为重要的是，太阳能热水器的能量产出比非常好，经过测试和计算，其生产过程中消耗的能源大体上可以在 1.1 年左右回收，与电热水器、燃气热水器和燃煤锅炉相比，在节能减排方面具有相当大的优势。因此太阳能热利用产业作为节能、经济性好，且有一定产业基础的行业，面临着非常好的发展机遇。

（2）太阳能热利用是惠及民生的重大工程

我国的太阳能热利用技术重点是简单、价廉的低温热利用技术，如太阳能温室、太阳灶、被动太阳房、太阳热水器和太阳干燥器等。这类技术在农村得到推广应用，为缓解农村能源短缺、改善农村生态环境和农民生活起到了积极的作用，并收到了实效，在农村能源建设中发挥了重要作用。我国幅员辽阔，人口众多，整个行业在解决广大城乡地区生活热水需求方面发挥了重大作用。根据国家统计局数据估算，太阳能热水器已经对我国农村 2 亿多人解决洗浴问题、改善生活条件、提高健康水平发挥了积极作用。随着人民群众生活水平的进一步提高，对高品质生活热水、采暖制冷等的需求已经显现，因此太阳能热利用产业可以在农村能源建设中发挥重要作用。

（3）我国是制造和应用大国，迈向强国尚需动力

经过 20 多年的发展，我国的太阳能热利用产业的生产量和市场容量目前均居世界第一位，对中国节能环保做出了重大贡献。2016 年，中国太阳能热利用保有量占全球的比例超过 70%，成为全球太阳能热利用持续发展的主要力量。但我国热利用产业基础薄弱，起步较晚，发展规划缺失，行业缺乏持续、深入的科技和产业研发，导致行业在技术创新、制造装备、产品质量、产品档次、系统集成技术、应用理念、管理水平等方面与发达国家尚有较大差距，需要全行业共同努力，实现由制造应用大国向强国的转变。

4.2.3 发展建议

4.2.3.1 建立可再生能源供热定价机制，实施热价补贴

根据各类可再生能源供热成本，确定供热价格，建立较为完善的可再生能源定价机制。在改革完善现有热力定价机制的基础上，各地可根据当地的实际情况，制定可再生能源供热补贴政策，在加强计量监管的基础上，对可再生能源供热进行政策性补贴。可再生能源供热项目财政补贴原则上采用产品补贴的方式，对民用采暖和热水的价格高于当地化石能源供热价格的部分，可由当地财政支付。进一步发挥中央可再生能源专项基金的作用，用于公益事业或民用供热项目的建设投资补贴、因使用可再生能源供热而发生的管网改造费用及可再生能源供热相关技术研发和试点示范工程。

4.2.3.2 扩大太阳能热利用多元化应用的市场规模

将太阳能热利用纳入国家节能减排及惠民工程的支持范围，进一

步普及太阳能热水器的使用，扩大太阳能供暖和制冷的应用规模，扩展太阳能热利用在工农业领域的应用范围。

（1）进一步推动太阳能热水应用

对太阳能资源适宜地区强制推行太阳能热水系统。支持农村和小城镇居民安装使用太阳能热水器，推行农村太阳能浴室工程，扩大太阳能热水器在农村的应用规模。在大中城市的公共建筑、经济适用房、廉租房项目强制推广太阳能热水系统。在新建、改建、扩建的住宅建筑及学校、游泳馆等公用建筑上，统筹规划应用太阳能热水系统。

（2）因地制宜推广太阳能供暖制冷技术

在东北、华北等集中供暖地区，积极推进太阳能与常规能源系统的融合，采取集中式与分布式结合的方式为建筑供暖；在集中供暖未覆盖地区，结合当地可再生能源资源，大力推动太阳能、地热能、户用生物质锅炉等小型可再生能源系统实现供热制冷；在需要冷热双供的华东、华中地区，以及传统集中供暖未覆盖的长三角、珠三角等地区，重点采用太阳能、地热能供暖制冷技术；在政府主导的经济适用房、廉租房、公共建筑上，强制使用太阳能热水供暖系统，鼓励在条件适宜的中小城镇、民用及公共建筑上推广太阳能区域性供暖系统，建设太阳能热水、采暖和制冷的三联供系统。

（3）统筹推进太阳能工业热能供给

结合工业领域的节能降耗和污染排放控制工作，在新建工业区（经济开发区）建设和传统工业区改造中，积极推进太阳能供热与常规能源系统的融合，推动工业用能结构的清洁化。在印染、陶瓷、食品加工、农业大棚、养殖场等用热需求大且与太阳能热利用系统供热匹配的行业，充分利用太阳能供热作为常规能源系统的基础热源，提供预热、伴热、干燥、烘干等工业工艺用热，推动工业供热能源资源的梯级、循环利用。结合新能源示范城市和新能源应用产业园区、绿色能源示范县、区等建设，建设一批工农业应用示范项目。

4.2.3.3 加强太阳能热利用关键技术创新

加大对中高温集热器的产品研发和装备制造的支持力度，重点支持中高温镀膜技术及相关装备的研发和生产，突破中高温真空管、反射装置、跟踪设备等关键技术难关，实现中高温集热器的规模化生产，为太阳能供暖、制冷、太阳能工艺用热等技术的推广和应用奠定基础。加大对平板集热器及其生产装备的研发力度，重点发展高效平板集热器的镀膜装备和焊接装备，并通过规模化生产提高产品质量、降低生产成本，研发生产易与建筑结合、分体、承压的平板集热器，加强太阳能建筑一体化技术的推广与应用。

4.2.3.4 加快提升系统集成技术水平

我国太阳能热利用以户用太阳能热水器应用为主，近几年工程应用开始快速发展，但工程的系统设计、系统集成、系统运维等技术水平还需要提升。太阳能与多种能源融合应用在太阳能供暖、制冷及工农业领域，是未来太阳能热利用发展的重要方向，这将从温度、压力等方面对热利用系统提供的热力品质提出更高的要求。目前的系统设计和集成能力水平难以满足市场拓展的需求，一些系统应用关键产品、关键技术和关键装备的创新还有待加强，还需要从系统设计与集成、系统可靠性和耐久性、系统经济竞争力等方面加大支持力度，为多元化市场发展奠定基础。

4.2.3.5 加大检测试验平台建设，完善行业服务体系

“十三五”期间，所有光热生产企业加强各类人员质量管理知识培训，提高质量管理水平，提升质量管理体系的有效性和适应性。“十三五”初期，光热行业整机制造企业按照 GB/T19001—2008 质量管理体系要求（ISO9001：2008，IDT）建立和完善质量管理体系；“十三五”中期，在检验标准修订完善的基础上，所有光热企业加强检验能力建设，具备关键部件/材料进货、关键生产过程控制和产品出厂检验、抽样检验的能力（包括热性能）。

（1）建立公共基础服务平台

依托国家检测中心、科研院所、骨干企业等现有资源，打造集实验、检测、校准服务等于一体的公共研发检测服务平台；建设中高温太阳能热利用检测平台，开展中高温太阳能产品检测标准、检测技术的制定和研究，提升自主创新能力；建设太阳能热利用信息平台和热计量监控平台，研究制定太阳能热利用统计制度，开发第三方太阳能热利用系统的运行监测、热量计量系统。

（2）完善太阳能热利用行业标准体系

修订现有标准，提高相关技术指标，进一步明确产品的耐久性、可靠性等指标，与国际标准接轨；完善关键部件等领域标准，加快与建筑结合应用部件、控制设备等零部件标准体系的完善；加快制定中高温太阳能热利用标准，尽快制定中高温相关产品的技术标准。

（3）提升太阳能热利用检测能力

加强太阳能热利用检测技术及装备的研究，提高检测水平。完善太阳能热水器、集热器等成熟产品的测试设备和检测方法，同步开展中温集热器、空气集热器等新产品的检测技术及设备研发，开展采暖、干燥、多能互补等工程的验收检验、质量评估；进一步规范检测方法、检测设备环境条件、技术水平，协调国家级实验室与省级检测中心的检测结果互认性，减少企业检测的时间和成本。

（4）完善太阳能热利用行业认证体系

进一步建立系统的关键部件认证制度，从源头控制产品质量，以提高整个太阳能热水系统的品质；鼓励放开工程建设第三方评价制度，从产品出厂到设计、安装、验收、后期运维等方面进行有效监管，有效规范太阳能热利用工程质量。

（执笔人：孙培军）

5　太阳能热发电

5.1 资源状况

5.1.1 可供光热电站应用的太阳资源

光热电站选址首先考虑因素就是太阳直射辐射资源条件。根据经验，太阳能直接辐射量（DNI）在1800千瓦时/（平方米·年）以上的地区适宜建设太阳能热发电站，1600～1800千瓦时/（平方米·年）的地区可以建设太阳能热发电站。我国青藏高原大部、内蒙古中西部、新疆东部部分地区，法向直接辐射最为丰富，年辐射量超过1800千瓦时/平方米，其中西藏南部及内蒙古西部部分地区年辐射量超过2000千瓦时/平方米。但位于东经102度以东、北纬35度以南的大部分地区，由于气候潮湿，空气中的气溶胶粒子较多，法向直接辐射普遍较少，一般不足1000千瓦时/平方米，个别地区甚至不足400千瓦时/平方米。

5.1.2 可供光热电站应用的地面资源

太阳能热发电站的建设也需要考虑到地形和土地、水资源和建设地区电网基础设施等。表5-1显示了太阳能热发电可开发资源条件选址一般性条件。

表 5－1　太阳能热发电站选址一般性条件

选址因素	一般性条件		
DNI	DNI≥1800 千瓦时/(平方米·年)		
地形	坡度	槽式	塔式
		≤3%	≤7%
	纬度	≤42°	
	地质	土壤承载力≥2 千克/平方厘米	
	土地面积	2～3 公顷/兆瓦	
水资源	距离水源应≤10 千米		
气候条件	风速	年运行风速	最大容许风速
		0～14 米/秒	31 米/秒
电网覆盖	距离电网连接点≤15 千米		
交通条件	靠近交通路网		
地区社会经济发展	当地居民和社区要接受本项目，尽量避免强制性移民搬迁，符合环境保护条例等		

我国沙漠、沙地 95% 集中分布在新疆、内蒙古、青海和甘肃四省区，并且呈大面积连片分布，主要以流动、半流动类型为主。沙漠、沙地占总土地面积的比例以内蒙古最高，达 43.3%；其次是新疆，为 31.7%；青海、宁夏和甘肃都在 15% 左右；大于 1% 的省区还有陕西、吉林、河北、辽宁、河南、山西和海南七个省。这些省区的太阳能法向直射辐射资源都很丰富或较为丰富，比较适合光热电站建设的选址。

5.2　市场规模

2017 年我国热发电装机规模与 2016 年持平，截至 2017 年底，我国已建成试验示范性光热电站 7 座，总装机容量 2.38 万千瓦；备案在建的光热电站 20 多座，总装机容量超过 120 万千瓦；开展前期工作的光热电站 10 多座，总装机容量超过 60 万千瓦（见表 5－2）。

表 5-2　2017 年底中国已建成发电的太阳能热发电系统

序号	项目名称	项目业主	项目规模	技术类型
1	延庆太阳能热发电站 1 兆瓦示范项目	中科院电工所	1 兆瓦	塔式
2	鄂尔多斯乌审旗碟式太阳能热发电项目	华源风积沙有限公司	0.1 兆瓦	碟式
3	三亚 1 兆瓦太阳能热发电示范工程	海南益科博能源有限公司	1 兆瓦	碟式
4	华能南山电厂太阳能热发电科技示范项目	中国华能集团公司	1.5 兆瓦	菲涅尔式
5	国电吐鲁番 180 千瓦槽式太阳能热发电实验电站	国电新疆电力有限公司	0.18 兆瓦	槽式
6	青海中控太阳能发电有限公司德令哈 50 兆瓦光热发电项目一期 10 兆瓦工程	青海中控太阳能发电有限公司	10 兆瓦	塔式
7	甘肃敦煌 1 万千瓦塔式电站建成并网	首航节能	10 兆瓦	塔式

数据来源：国家能源局，中国太阳能发电建设统计报告[R].

5.3　相关政策

国家对太阳能热发电的支持主要是通过科技部支持太阳能热发电技术和产品的研发。2010 年国家能源局实施了一次太阳能热发电特许权项目招标，项目为内蒙古鄂尔多斯 50 兆瓦槽式太阳能热发电特许权项目的招标工作。国家能源局希望能通过几轮特许权项目的招标工作，摸清太阳能热发电的合理上网电价，制定实施太阳能热发电的上网电价。大唐新能源以电价 0.9399 元/千瓦时中标，但业内普遍认为，这一电特许权招标项目的中标电价偏低。这一项目虽然中标，但至今仍然没有开工建设。

2013 年后，国家能源局在推动光热发电发展方面组织开展了一些前期工作，在西南、西北、华北的十个省区进行了光热发电项目场址调查，初步确定了近700万千瓦的光热发电建设场址，目前正在制定光热发电示范项目建设方案，拟在这十个省区通过政府组织企业申报、比选的方式，确定一定数量的光热发电示范项目，支持多种技术的应用示范，打通系统集成路线，并为示范项目给予合适的电价政策。通过在多个省区、采用多种技术的示范项目建设，启动我国的光热发电市场。

2014年9月，青海中控德令哈光热发电项目上网电价核定（含税）为每千瓦时1.2元，这是我国目前为止太阳能光热发电项目首次获得正式的上网电价。

2015年9月30日，国家能源局公布《关于组织太阳能热发电示范项目的通知》，要求各地能源主管部门和太阳能热发电企业准备申报项目所需的文件和资料。同年11月，国家能源局组织了热发电示范项目评审会。全国共计100多个、装机容量总计8.8吉瓦的光热发电申报项目向评审专家组集中提交了项目申报材料。目前，中标项目和太阳能热发电上网电价仍未公布。示范项目的申报电价远远高于风电和太阳能光伏发电，因此，如何确定太阳能热发电示范项目的上网电价是当前亟须解决的问题。

2016年9月，国家能源局组织专家对有关地区发展改革委（能源局）推荐的太阳能热发电申报项目进行了评审，确定了第一批太阳能热发电示范项目共20个，总计装机容量134.9万千瓦，分别分布在青海省、甘肃省、河北省、内蒙古自治区、新疆维吾尔自治区。各示范项目在2016年9月30日前完成备案，原则上应在2018年底前建成投产。各地有关部门将示范项目情况按季度报送国家能源局。为保障太阳能热发电项目的技术先进性和产业化发展，避免盲目投资和低水平重复建设，在“十三五”时期，太阳能热发电项目均应纳入国家能源局组织的国家太阳能热发电示范项目统一管理，且只有纳入示范项目名单的项目才可享受国家电价补贴。

2016 年 9 月国家发展改革委正式发布《关于太阳能热发电标杆上网电价政策的通知》，明确 2018 年 12 月 31 日以前全部投运的太阳能热发电项目执行 1.15 元（含税）的标杆上网电价，此电价仅适用于纳入国家能源局 2016 年组织实施的太阳能热发电示范范围的项目。该通知还鼓励地方政府相关部门对太阳能热发电企业采取税费减免、财政补贴、绿色信贷、土地优惠等措施，多措并举促进太阳能热发电产业发展。同时明确，2019 年以后国家将根据太阳能热发电产业发展状况、发电成本降低情况，适时完善太阳能热发电价格政策，逐步降低新建太阳能热发电价格水平。

5.4 产业能力

太阳能热发电的产业链可分为原材料制造、部件生产、系统集成、产业服务和生产装备五个重要部分，我国在部分原材制造和部件生产方面具备了规模化生产能力，但在生产装备、系统集成和产业服务方面处于起步阶段，需要通过国家对研发和示范的大力支持。2017 年，随着国家第一批热发电示范项目相继开工建设，带动了我国太阳能热发电产业链生产能力和系统集成能力的提升，有的企业已开始将镜面、熔盐等出口到海外，有的公司也参与了国外太阳能热发电的招标和建设。

（1）原材料制造

在原材料制备环节，我国已经具生产膜层材料、在玻璃基材上制备银膜、反射镜和真空管使用的超白和特硬玻璃管等能力，其中铝型材支架、铜及熔盐等原料已出口至多个国家，但目前导热油的技术仍不成熟，不具备生产高温导热油等高端原材料的生产能力。

（2）部件生产

近几年我国太阳能热发电关键部件产品的研发和生产能力有所提

高。目前具备规模化生产能力的部件主要包括定日镜整机、抛物面槽式反射镜、塔式定日镜反射镜。其中，定日镜整机其性能参数，如聚光精度、聚光器重量及聚光器控制等，与国际先进水平差距不大；聚光器设计与国外商业化的产品还存在差距，主要体现在集成安装工艺、精度及寿命检测等方面；而槽式吸热器和传动箱这类部件目前在我国还不能规模化生产。

（3）系统集成和产业服务

我国目前已建成光热电站近10座，但大多为示范性质，还没有实现规模化、商业化运行，整体系统设计能力和集成技术、太阳能热发电站系统模拟及仿真技术也刚刚起步，缺乏电站建设运营经验和能力，产业服务体系也刚开始建立，但随着示范项目的建设投运，系统的集成能力、运维能力及产业服务能力将得到快速发展。

5.5 发展趋势

（1）太阳能热发电完成“十三五”目标面临很大挑战

随着国家能源局2015年启动“太阳能热发电示范项目”，地方政府和企业对太阳能热发电技术应用表现出较高的积极性。2016年示范目和上网电价的确定推动了产业的进一步发展。但是，从目前示范项目的建设情况看，项目推进进度达不到预期，能够按照国家政策在2018年底完成并网的示范项目不到1/4。即使所有示范项目能够在2020年完成建设，总建设规模也仅有130万千瓦左右，离“十三五”规划目标的500万千瓦还有很大的差距。目前，第二批热发电示范项目还没有开始启动，而热发电项目的建设周期较长，一般都要超过两年，因此从目前发展情况看，太阳能热发电完成“十三五”规划目标的难度很大。

（2）太阳能热发电亟须降低度电成本

目前，太阳能热发电产业发展面临的最大挑战是太阳能热发电的度电成本远远高于其他可再生能源发电。因此，“十三五”期间热发电发展的重点是推动商业化、规模化的太阳能热发电站建设和运营，带动太阳能热发电度电成本的降低，促进示范项目的建设，提升我国太阳能热发电站产业的国际竞争力，为太阳能热发电技术的规模化应用奠定基础。

（执笔人：孙培军）

6 生物质能

6.1　生物质资源

生物质资源种类繁多，主要包括农作物秸秆及农产品加工剩余物、林木采伐及森林抚育剩余物、木材加工剩余物、畜禽养殖剩余物、城市生活垃圾和生活污水、工业有机废弃物和高浓度有机废水等。根据现有生物质能利用技术状况和生物质资源用途等情况估算①，目前我国可能源化利用的生物质资源总量每年约4.6亿吨标准煤。

鉴于近年我国主要农作物产量、种植结构、秸秆用途等状况变化相对稳定，预计未来几年我国农业剩余物资源产生量和可能源化利用量也不会显著变化。未来我国森林面积仍将呈增长态势，同时，天然林禁伐面积也将持续增大，林业剩余物工业化收集基础薄弱，工业应用需求逐年增加，预计未来一段时期，林业剩余物资源生产量会有一定增长，但可能源化利用量的增长有限。随着我国居民生活水平提高，肉蛋奶消费上升，畜牧养殖量将不断扩大；同时，由于养殖成本、管理技术以及农产品出口需求，以散养为主的养殖方式逐步向规模化养殖转变，规模化养殖比例持续上升，未来我国畜禽粪便产生量和可能源化利用量都将持续增长。

---

① 国家能源局．生物质能发展“十二五”规划［Z］．2012－07.

6.1.1 农业剩余物

根据《中国统计年鉴2017》，我国农作物秸秆理论资源量约为8.2亿吨，约折4.1亿吨标准煤，主要分布在华北平原、长江中下游平原、东北平原等13个粮食主产省（区）。目前，作为肥料、饲料、造纸等用途的共计每年约4亿吨，可供能源化利用的秸秆资源量每年约4.2亿吨。2016年全国农作物秸秆的主要来源如图6－1所示。

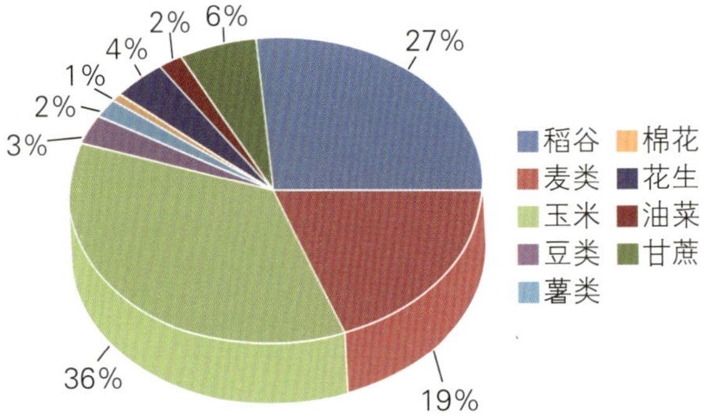

图6－1 2016年全国农作物秸秆构成比例

6.1.2 林业剩余物

全国现有林地面积约3亿公顷，现有森林面积约2亿公顷，森林蓄积137亿立方米，天然林面积1.2亿公顷，天然林蓄积114.02亿立方米，人工林保存面积6000万公顷，蓄积19.6亿立方米，林木生物质资源潜力约180亿吨。① 可供能源化利用的主要是薪炭林、林业“三剩物”、木材加工剩余物等，现有林木资源可用作木质能源的潜力每年约3.5亿吨，目前相当部分的林木剩余物已被利用，主要是用作农民炊事燃料或复合木材制造业等工业原料，若全部开发利用可替代2亿吨标准煤。

① 第七次全国森林资源清查主要结果。

6.1.3 畜禽粪便

畜禽粪便主要来自圈养的牛、猪和鸡三类畜禽。2016 年全国粪便实物量为 13.4 亿吨。规模化畜禽养殖场粪便资源每年约 10 亿吨，按照平均每吨畜禽粪便发酵产沼气 50 立方米计，生产沼气的潜力约为 500 亿立方米，约折 3500 万吨标准煤。

6.1.4 生活垃圾

2017 年，我国垃圾清运量约 2.3 亿吨。随着城镇化的加速发展、城市化率的不断提高，城市人口数量持续增加，城镇生活垃圾产生量也持续增长，从 2010 年的 18% 左右提升至 2016 年的 35% 左右；垃圾焚烧量也从 2010 年的 2973 万吨提升至 2016 年的 7547 万吨左右，2017 年全年我国城市生活垃圾焚烧率在 40% 左右，焚烧处理量在 9468 万吨左右，意味着仍有 1.4 吨垃圾通过填埋方式处理。

6.2 产业现状

2017 年，我国生物质能产业规模继续稳步增长，生物质发电总装机容量约 1500 万千瓦，较上年增长约 24%；生物质成型燃料产量约 1000 万吨，较上年增长约 17%；生物燃料乙醇产量约 260 万吨，与上年产量基本持平。

6.2.1 生物质发电

2017 年底，生物质发电累计并网装机容量约 1500 万千瓦。生物质发电主要包括农林生物质直燃发电、垃圾焚烧发电、沼气发电和气化发电等。2017 年生物质发电领域最显著的变化是，垃圾发电装机容量首次超过农林生物质直燃发电。随着各地城镇化推进发展，县域垃圾快速增长，垃圾焚烧发电项目继续保持快速增长态势，并网装机容量约730万千瓦，较上年增长约25%；受原料供给能力和价格影响，农林生物质直燃发电项目的整体盈利能力减弱，并网装机容量增长速度有所放缓，2017年底的装机容量约720万千瓦，较上年增长约19%；此外，垃圾填埋气沼气发电和工农业有机废弃物沼气发电也有近50万千瓦的规模，生物质气化发电尚未规模化推广（见图6－2）。

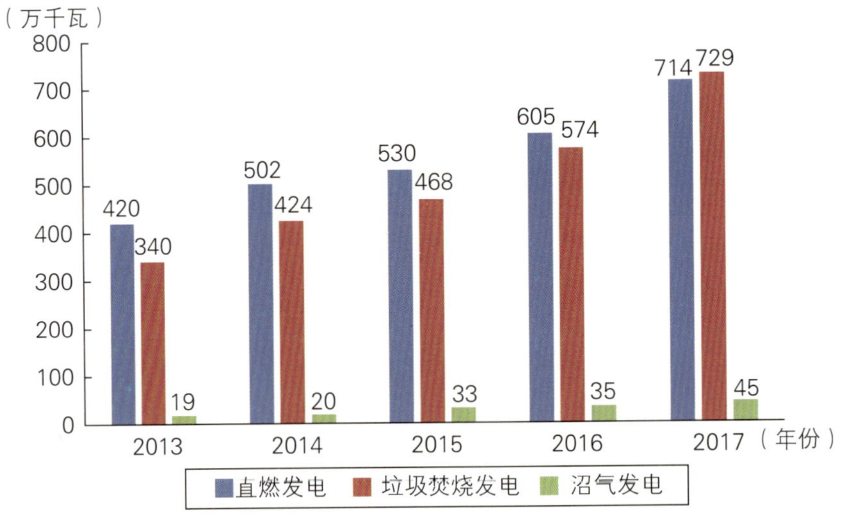

图6－2　2013—2017年全国生物质发电并网装机容量

热电联产是生物质发电产业提升效率、实现可持续发展的重要途径，已成为生物质发电领域新崛起的力量，大批热电联产改造项目已开始实施。据国家能源局《关于促进生物质能供热发展的指导意见》，到2020年，生物质热电联产装机容量将超过1200万千瓦。

（1）农林直燃发电

自2006年我国首个大型秸秆直燃发电项目建成投产，农林生物质发电开始步入规模化快速发展阶段。近十年来，农林生物质发电产业得到国家持续财政支持，利用规模不断扩大，截至2017年底，农林生物质发电并网装机容量达714万千瓦，约占生物质发电总装机容量的48%。

农林生物质直燃发电项目主要集中在农作物秸秆丰富的华北、东北、华中和华东地区，装机容量约占全国生物质直燃发电装机总量的92%。在西南地区，农作物秸秆资源相对贫乏，山区环境中原料收集运输困难，高温、潮湿的气候也不利于原料储存，因而生物质直燃发电项目较少，约占全国生物质直燃装机总量的6%。西北地区则主要因为缺乏足够的秸秆资源，很少建设秸秆直燃发电项目。

（2）垃圾焚烧发电

2017年底，我国垃圾焚烧累计并网发电装机容量达到729万千瓦，约占全国生物质并网发电总装机容量的49%。随着我国城镇化建设进一步深入，垃圾发电项目开发建设重点已经逐步由大中型城市向新兴城镇转移，“十三五”期间的垃圾发电将是生物质发电产业中的主要增长点。我国的垃圾发电项目主要集中在华东和华北地区，尤以经济相对发达的华东地区的发展规模最大，在全国垃圾发电装机容量中的占比接近一半。

我国生物质发电水平整体有所提升，发电效率显著提高。2017年1—11月，全国生物质发电年等效满负荷运行小时数平均约5218小时，较上年减少10%。欧洲国家的生物质发电项目的年等效满负荷运行小时数则均高于7000小时。可见，我国的生物质发电效率和技术水平与欧洲国家仍有较大的差距，生物质发电产业升级改造有待进一步推进。生物质发电产业有待依托热电联产改造来提升系统效率，提高生物质发电的技术经济性，以达到可持续绿色发展。

6.2.2 生物质供热

2017年，生物质能供热迎来发展新机。近年来，化石燃煤大量使用导致环境压力不断增大，严重制约了城镇化建设和绿色低碳发展的步伐，大气环境污染与能源消费量增长的矛盾日益突出，生物质能供热凭借技术经济性优势，成为近期替代化石燃料供热的重点发展方向。

受经济发展水平、居民分布密集程度、地区用电负荷等因素影响，部分城市周边、城乡接合部、农村等地尚不能实现集中供暖，大量使用分散燃煤小锅炉、小火炉取暖，取暖效果差、污染物排放总量大。据测算，同样1吨煤，散烧煤的大气污染物排放量是燃煤电厂的10倍以上。从经济性和可持续发展的角度分析，在城乡接合部、农村等农林剩余物相对丰富的地区，利用生物质锅炉供热替代分散燃煤小锅炉，既可以使当地的生物质资源得到充分利用，也可以极大地改善环境质量；从经济性和可持续发展角度考虑，生物质锅炉供热比电供热或燃气供热更具优势。

近年来，化石燃煤大量使用导致环境压力不断增大，严重制约了城镇化建设和绿色低碳发展的步伐，大气环境污染与能源消费量增长的矛盾日益突出，生物质供热凭借技术经济性优势，成为近期替代化石燃料供热的重点发展方向。在过去的一年里，政府出台了一系列政策支持生物质能清洁供暖。2016年12月21日，习近平在主持中央财经领导小组第十四次会议时强调，推进北方地区冬季清洁取暖，关系到北方地区广大群众温暖过冬，关系到雾霾天能否减少，是能源生产和消费革命、农村生活方式革命的重要内容。2017年5月，财政部、住房和城乡建设部、环境保护部、国家能源局联合发布《关于开展中央财政支持北方地区冬季清洁取暖试点工作的通知》，决定开展中央财政支持北方地区冬季清洁取暖试点工作。中央财政支持试点城市推进清洁方式取暖替代散煤燃烧取暖，并同步开展既有建筑节能改造，鼓励地方政府创新体制机制、完善政策措施，引导企业和社会加大资金投入，实现试点地区散烧煤供暖全部“销号”和清洁替代，形成示范带动效应。

2017年12月，国家发展改革委等十部委联合发布《北方地区冬季清洁取暖规划（2017—2021年）》，明确提出大力发展县域生物质热电联产、加快发展生物质锅炉供暖等生物质能清洁供暖。旨在提高北方地区取暖清洁化水平，减少大气污染物排放量。当前，北方地区清洁取暖比例低，特别是部分地区冬季大量使用散烧煤，大气污染物排放量大，迫切需要推进清洁取暖。该规划提出，2019 年，“2 + 26” 重点城市城区清洁取暖率要达到 90% 以上，县城和城乡接合部（含中心镇，下同）达到 70% 以上，农村地区达到 40% 以上。2021 年，城市城区全部实现清洁取暖，35 蒸吨以下燃煤锅炉全部拆除；县城和城乡接合部清洁取暖率达到 80% 以上，20 蒸吨以下燃煤锅炉全部拆除；农村地区清洁取暖率 60% 以上。2021 年，农林生物质热电联产供暖面积 10 亿平方米，城镇生活垃圾热电联产供暖面积 5 亿平方米，生物质成型燃料供暖面积 5 亿平方米，生物天然气与其他生物质气化供暖面积超 1 亿平方米。同时，国家能源局发布了《关于促进生物质能供热发展的指导意见》，提出 2020 年生物质能供暖面积约 10 亿平方米，约替代 3000 万吨燃煤。新形势下，清洁取暖政策为生物质供热发展创造了空前的市场环境。

6.2.3 生物液体燃料

（1）燃料乙醇

我国的生物燃料乙醇生产以陈化粮原料为主，四家以陈化粮作为原料生产燃料乙醇的国家定点企业分别是吉林燃料乙醇有限责任公司、中粮生化能源（肇东）有限公司、河南天冠燃料乙醇有限公司和中粮生物化学（安徽）股份有限公司，设计总产能为 102 万吨/年。在国家补贴等优惠政策激励下，四家企业通过技术改造，产能逐步扩大，到 2017 年，燃料乙醇总产量约为 260 万吨（见图 6 – 3）。2007 年，在广西建成了全球首个以木薯为原料的燃料乙醇商业化项目，该项目设计年产能 20 万吨。

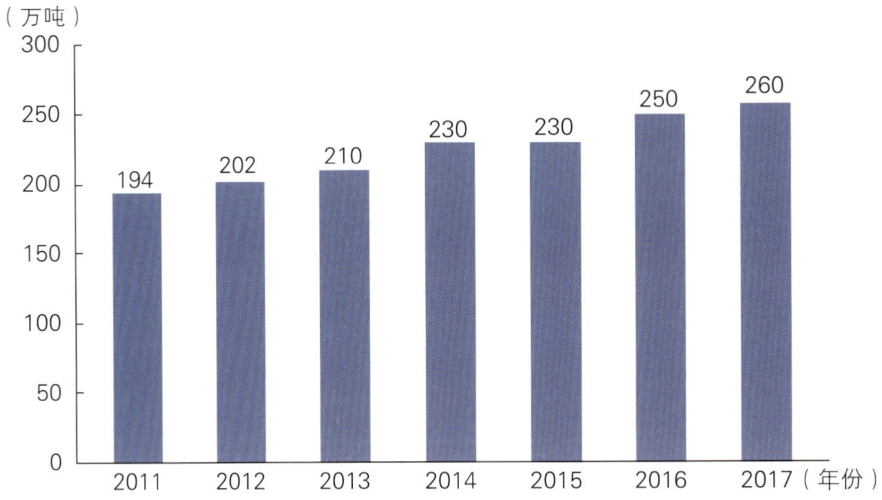

图 6-3　2011—2017 年全国生物燃料乙醇产量

由于种植木薯原料受限于土地、原料价格上涨、技术进步缓慢，补贴支持减弱等因素，国内非粮燃料乙醇项目建设长期处于停滞状态。近两年，一批新的非粮乙醇项目开始投产建设，如海南椰岛年产 10 万吨木薯燃料乙醇项目、中聚天冠年产 30 万吨非粮木薯燃料乙醇项目、山东富恩年产 12 万吨燃料乙醇项目、辽宁铁岭年产 30 万吨燃料乙醇项目、唐山中溶科技年产 30 万吨无水乙醇项目等。

乙醇的主要用途是调配乙醇汽油，对燃料乙醇实行的是定点生产、定向销售、政府定价。国内的燃料乙醇基本是按需定产，市场不存在供应缺口，无须进口资源。在上述限定燃料乙醇的生产和流通的政策环境下，国家定点生产企业选择了将燃料乙醇生产转为进口的方式。自 2015 年起，我国燃料乙醇进口量从每年数千吨涨至近 50 万吨，2016 年进口量近 80 万吨。显然，燃料乙醇进口量呈井喷式增长，正是从取消补贴政策后开始的。按照 2016 年全国玉米均价 1621 元/吨计算，燃料乙醇生产成本约 5400 元/吨，比进口燃料乙醇高 1500 元/吨。迫于燃料乙醇市场的刚性需求和国内生产成本的高涨，在没有补贴的情况下，企业的生产积极性和盈利能力明显降低，而国际市场低廉的燃料乙醇恰好可以缓解国内企业“生产乏力”的局面。

针对近两年国内乙醇市场变化，财政部门采取了相应措施。在财政部公布的2017年关税调整方案中，为发挥关税对国内产业的保护作用，对乙醇等产品进口关税税率进行相应调整，而进口关税的上调，对国内乙醇市场存在一定的利好影响。中国对改性乙醇的进口主要来源于美国，关税上调后，美国基本上失去了对中国出口乙醇的机会，国内市场压力减小，预计2018年乙醇进口量或将明显减少。

我国生物液体燃料产业自明确非粮发展方向以来，进展较为缓慢，2017年，生物液体燃料产量约260万吨，与上年基本持平。随着补贴政策和税收优惠的调整，促使企业开始挖掘内生动力，特别是燃料乙醇项目审批权下放，有效推进了非粮燃料乙醇项目建设，全国多地的非粮燃料乙醇项目获得批复，非粮燃料乙醇的发展前景再现曙光。2017年9月，国家发展改革委等十五部位联合发布的《关于扩大生物燃料乙醇生产和推广使用车用乙醇汽油的实施方案》提出，按照“严控总量，多元发展”“规范市场，有序流通”“依法推动，政策激励”的基本原则，适度发展粮食燃料乙醇，科学合理把握粮食燃料乙醇总量，大力发展纤维素燃料乙醇等先进生物液体燃料，满足持续增长的市场需求。

到2020年，在全国范围内推广使用车用乙醇汽油，基本实现全覆盖，市场化运行机制初步建立，先进生物液体燃料创新体系初步构建，纤维素燃料乙醇5万吨级装置实现示范运行，生物燃料乙醇产业发展整体达到国际先进水平。到2025年，力争纤维素乙醇实现规模化生产，先进生物液体燃料技术、装备和产业整体达到国际领先水平，形成更加完善的市场化运行机制。该方案的出台引起业界对燃料乙醇产业未来发展的广泛关注，特别是放开粮食乙醇进入乙醇汽油市场，燃料乙醇原料的可持续性和市场发展空间及布局成为关注焦点。

（2）生物柴油

生物柴油产业发展是我国生物液体燃料发展中的重要组成部分。

我国生物柴油的生产原料是废弃油脂，属于循环经济发展范畴。2017年，我国生物柴油产能超过200万吨，产量约60万吨。用于柴油调和的生物柴油约占总产量2/3，其余用于生产增塑剂等化工产品。近年来，雾霾对生活环境影响日趋严重，生物柴油的使用可以大幅降低柴油机的颗粒物排放，改善空气质量。同时，地沟油不断流向餐桌已经成为全民关注的食品安全问题，生物柴油生产正是解决该难题的最有效途径。

我国生物柴油产业发展受相关政策影响极大。如，2008年国家成品油税改后，对生物柴油征收消费税，对于尚处于起步阶段的生物柴油行业冲击很大。生物柴油企业或是停产，或是将产品销售到增塑剂等化工领域。2010年，财政部出台免征生物柴油消费税的政策后，产业逐步走向正轨。同时，国家发展改革委开展“餐厨废弃物资源化利用与无害化处理”城市试点，以及国家对餐厨废弃油脂流向餐桌的严格管控措施，使废弃油脂的价格逐步趋向稳定，为生物柴油企业的原料收集创造了机会。在民营成品油经营市场中，生物柴油逐步被认可。由于生物柴油产品比石化柴油价格便宜，符合BD100国家标准的生物柴油产品逐步热销，带动了生物柴油产量逐年增长。2015年，生物柴油生产增值税先征后返100%调整为即征即返70%政策，使得产业运行困难的状况更加严峻。

按照销售出路口径统计，用于柴油调和的生物柴油占总产量的2/3左右，还有1/3用于生产增塑剂等化工产品。产量下降的原因主要是：2014年下半年开始，国际原油价格连续大幅度下跌，使得生物柴油价格也随之下降，企业利润锐减甚至亏损，开工率随之降低。2016年下半年开始，原油价格有所回升，生物柴油行业也开始逐步回暖，但幅度还是很小，整体还处于低迷状况。对于生物柴油产业来说，最大的瓶颈在于生物柴油产品仍难以“无门槛”进入成品油市场，一般销售价格比普通柴油低500~800元/吨。在油价持续低迷的情况下，企业盈利困难，不少企业处于亏损状态。

目前生物柴油企业主要以民营企业为主，有 5 家企业在新三板挂牌。国有企业中，只有中海油投资建设了两个生产厂，但由于投资决策及工艺选择不符合国情，亏损严重，于 2015 年卖掉了南通生产厂，目前其海南厂也一直处于停产状态。①

6.3 面临问题

6.3.1 部分生物质发电项目布局不合理

我国生物质资源总体分布不均，省际差异较大。随着农林生物质电厂建设审批权的下放，地方之间建设农林生物质电厂缺乏统一规划的现象进一步加剧，一定程度上加重了布局不合理的现象。在现有多数生物质发电项目建设选址期间，并未统筹考虑热用户的位置和需求，给未来生物质热电联产升级改造带来一定困难。

6.3.2 生物质锅炉供热尚未优先推广

一些地区对将生物质锅炉供热作为清洁供热的认识仍有误区，对生物质锅炉供热的清洁性存在疑虑，部分地区甚至禁止使用生物质成型燃料。在越来越多的省市颁布禁煤措施的背景下，大多数环保措施仅规定以天然气、燃油等清洁原料代替燃煤，未将生物质成型燃料明确作为清洁燃料优先利用，严重制约了生物质供热替代燃煤供热的进程。相关部门有待加强生物质供热作为清洁绿色能源优先推广的执行力度，提高生物质供热优先级。

6.3.3 先进生物燃料技术距实现商业化仍有差距

国内相关生物液体燃料科研成果转化率低，缺乏先进生物液体燃

① 全国生物柴油行业协作组。

料技术的核心竞争力。先进生物燃料的生产技术仍处于研发和商业化探索阶段，距全面实现与化石燃料竞争的商业化推广还有差距。

6.4 发展趋势

根据《生物质能发展“十三五”规划》，2017 年，因地制宜推进生物质清洁供热和生物天然气开发应用是生物质能产业发展的重点。生物质发电的热电联产改造升级仍是“十三五”期间的重要任务。生物质资源的高值化开发和清洁化利用将是近中期我国生物质能产业的发展方向。

6.4.1 提升生物质清洁供热和生物天然气开发利用效率

生物质资源的高效利用是推进生物质清洁供热和生物质天然气开发应用的前提和基础，为缓解资源竞争压力、破解产业发展瓶颈、应对大气环境污染，2017 年的生物质开发利用应在逐步提升技术开发水平的同时，提高生物质资源利用效率，推进生物质能产业升级。建立专业化原料收集体系，创新原料收储运保障模式，建立规范行业生产运营监管标准体系，加强市场化推广应用等将是提升生物质能供热和生物天然气应用效率的重要方式。

6.4.2 大力发展生物质热电联产

绿色、低碳发展理念逐步深入，我国对清洁能源应用、环境保护要求不断提高，新形势下对生物质发电产业发展也提出了更高要求。农林生物质热电联产是“十三五”期间实现农林生物质发电产业升级、高效利用的重要方式，将在推进大气污染防治、城镇化建设方面发挥重要作用，其社会环境效益远大于经济效益。农林生物质热电联产将更多的秸秆转化为清洁能源，在有效抑制秸秆露天焚烧的同时，还可以为当地农村居民提供电力和热力。生物质热电联产完全符合当前国家积极推动的北方地区清洁供暖的支持方向，是因地制宜就地利用农村资源、解决农村供暖、改善农村居民生活用能质量、有效替代燃煤等化石能源、实现农村能源转型发展的可行方式。

6.4.3 生物液体燃料仍以非粮原料为发展方向

从经济性角度来看，生物液体燃料仍不具备与化石燃料的竞争能力，但从社会环境效益分析，温室气体排放减少优势明显。在生物液体燃料现有技术经济水平条件下，依靠国家强制法令、税收减免和补贴激励将是近中期保障生物液体燃料产业稳定发展的有效措施。生物液体燃料的可持续发展与土地资源变化、粮食安全、水资源等因素密切相关，以不占用耕地的农林废弃物资源和动植物废弃物油脂等对环境资源、粮食安全影响最小的生物质资源为原料，是未来生物液体燃料产业发展的趋势。

6.4.4 规划目标与产业现状对照

表 6－1 “十三五”生物质能发展目标与现有产业规模

利用方式	目标发展规模		现有规模		目标替代化石能源
	单位	数量	单位	数量	（万吨/年）
生物质发电	万千瓦	1500	万千瓦	1488	2660
生物天然气	亿立方米	80	亿立方米	—	960
生物质成型燃料	万吨	3000	万吨	1000	1500
生物液体燃料	万吨	600	万吨	320	680
生物燃料乙醇	万吨	400	万吨	260	380
生物柴油	万吨	200	万吨	60	300
总计	—	—	—	—	5800

如表 6－1 所示，截至 2017 年底，生物质能产业总体规模约 4100 万吨标准煤，约占生物质能发展“十三五”规划目标的 71%。从生物质能不同领域分析，生物质发电并网装机容量从 2015 年底的 1031 万千

瓦增至2017年底的1488万千瓦，已经基本接近“十三五”规划目标，意味着生物质发电领域已提早三年实现“十三五”目标。生物天然气和生物质成型燃料的发展相对滞后，与生物质发电不同之处，主要在于没有有效稳定的财政激励政策支持，跨领域发展难度较大，行业缺乏有效数据统计渠道。生物液体燃料中，生物燃料乙醇的实际产能已经超过300万吨。随着新政策的推出，按照2020年在全国推广车用乙醇汽油的目标方向，燃料乙醇产能预计将呈翻倍增长态势，可以达到甚至超过“十三五”燃料乙醇发展目标。生物柴油在国内交通燃料市场的应用仍缺乏有力的政策支持，增长趋势不明显。在未来两年，生物质能产业发展仍需稳定的支持政策，能否实现2020年的发展目标，主要取决于政策力度。

（执笔人：窦克军）

7　地热能

7.1 地热能资源

我国地热资源潜力巨大。“十二五”期间，中国地质调查局组织完成浅层地热能、水热型地热能和干热岩型地热能资源评价。结果显示，中国大陆336个主要城市浅层地热能年可采资源量折合7亿吨标准煤，可实现供暖（制冷）建筑面积320亿平方米，其中黄淮海平原和长江中下游平原地区最适宜浅层地热能开发利用；水热型地热能年可采资源量折合18.65亿吨标准煤（回灌情景下），其中中低温水热型地热能资源占比达95%以上，主要分布在华北、松辽、苏北、江汉、鄂尔多斯、四川等平原（盆地）以及东南沿海、胶东半岛和辽东半岛等山地丘陵地区；高温水热型地热能资源主要分布于西藏南部、云南西部、四川西部和台湾省，西南地区高温水热型地热能年可采资源量折合1800万吨标准煤，发电潜力7120兆瓦。

据初步估算，中国大陆埋深3000～10000米干热岩型地热能基础资源量约折合856万亿吨标准煤，其中埋深在5500米以浅的基础资源量约折合106万亿吨标准煤。

7.2 地热能发展政策

在节能减排的大环境下，地热能得到了国家和地方两个层面的普遍重视。国家层面侧重于地热能整个产业的指导和资源评价等基础性工作（见表7－1）。2006年，财政部发布《可再生能源发展专项资金管理暂行办法》，明确提出“加强对可再生能源发展专项资金的管理，重点扶持燃料乙醇、生物柴油、太阳能、风能、地热能等的开发利用”。2012年，国家《节能产品惠民工程高效节能家用热水器推广实施细则》正式发布，空气能热水器首次被正式纳入节能惠民补贴范畴。2013年，为促进我国地热能开发利用，国家能源局、财政部、国土资源部和住建部四部门发布《促进地热能开发利用的指导意见》，随后又召开了全国地热能开发利用现场会，大大促进了地热能在我国的推广普及力度。2014年，为落实《关于促进地热能开发利用的指导意见》、科学有序推进地热能开发利用工作，国家能源局综合司、国土资源部办公厅下发通知，要求地方有关部门组织编制本地地热能开发利用规划。

表7－1　国家关于发展地热能的相关政策

年份	部门	相关文件	主要内容
2006	财政部	《可再生能源发展专项资金管理暂行办法》	第二章有关“扶持重点”第七条中提出，“在建筑供热、采暖和制冷的可再生能源开发利用，重点支持太阳能、地热能等在建筑物中的推广应用”
2010	国务院	《关于加快培育和发展战略性新兴产业的决定》	提出了要加快太阳能、空气能技术推广应用，这是国家首次对空气能明确而清晰的支持态度

续表

年份	部门	相关文件	主要内容
2013	国家能源局、财政部、国土资源部和住建部	《促进地热能开发利用的指导意见》	意见提出，地热能是清洁环保的新型可再生能源，资源储量大、分布广，发展前景广阔，市场潜力巨大。积极开发利用地热能对缓解我国能源资源压力、实现非化石能源目标、推进能源生产和消费革命、促进生态文明建设具有重要的现实意义和长远的战略意义
2017	国家发展改革委、国家能源局、国土资源部	《地热能开发利用“十三五”规划》	地热能开发利用的指导方针和目标、重点任务、重大布局，以及规划实施的保障措施

2017 年，国家发展改革委、国家能源局、国土资源部印发《地热能开发利用“十三五”规划》，提出在“十三五”时期，新增地热能供暖（制冷）面积 11 亿平方米，新增地热发电装机容量 500 兆瓦；到 2020 年，地热供暖（制冷）面积累计达到 16 亿平方米，地热发电装机容量约 530 兆瓦，地热能年利用量 7000 万吨标准煤，地热能供暖年利用量 4000 万吨标准煤，京津冀地区地热能年利用量达到约 2000 万吨标准煤。该规划为“十三五”时期我国地热能的开发利用指明了方向。

2017 年 12 月，国家发展改革委、能源局等部门制定《北方地区冬季清洁取暖规划（2017—2021 年）》，提出积极推进水热型（中深层）地热供暖，按照“取热不取水”的原则推进中深层地热供暖，将地热能供暖纳入城镇基础设施建设范畴，集中规划，统一开发；大力开发浅层地热能供暖，加快各类浅层地热能利用技术的推广应用，经济高效替代散煤供暖；到 2021 年，北方地区地热供暖面积达到 10 亿平方米，其中中深层地热供暖 5 亿平方米，浅层地热供暖 5 亿平方米（含电供暖中的地源、水源热泵）。

我国各级政府也非常重视地热能的发展，各级政府对地源热泵技术的应用都有一定的支持政策。中国地方政府关于发展地热能的相关政策如表 7－2 所示。

表 7－2　中国地方政府关于发展地热能的相关政策

地方政府	年份	政策
北京市	2014	《关于北京市进一步促进地热能开发及热泵系统利用的实施意见》
沈阳市	2006	《沈阳市地源热泵技术推广发展规划》
	2007	《沈阳市地源热泵系统建设应用管理办法》
武汉市	2006	《热泵技术推广应用专项规划》
宁波市	2004	《宁波市节能与清洁生产专项使用管理暂行办法》
重庆市	2007	《重庆市人民政府关于加强地热资源管理的意见》
	2007	《重庆市可再生能源建筑应用示范工程专项补助资金管理暂行办法》
河北省	2006	《河北省地热资源管理条例》
	2013	《关于加快推进浅层地温能开发利用的意见》
河南省	2013	《污水源热泵系统应用技术规程》《河南省地源热泵建筑应用检测及验收技术规程》《河南省太阳能热水建筑应用检测及验收技术规程》
天津市	2006	《天津市地源热泵系统管理暂行规定》
	2013	《市国土房管局关于进一步加强浅层地热能地质监测管理工作的通知》
	2014	《天津地区地热单（对）井资源评价技术要求》
山东省	2015	《关于加强可再生能源建筑应用相关示范管理工作的通知》《关于规范建筑应用地源热泵系统管理的通知》
福建省	2015	《厦门市绿色建筑行动实施方案》
安徽省	2015	《推进浅层地热能在建筑中规模化应用实施方案》

7.3　地热能资源的开发利用

7.3.1　地热发电

近年来，地热发电领域一直保持着增长态势，但增速较为平缓。20 世纪 70 年代后期，我国开始利用高温地热资源发电，截至 2016 年，我国地热发电装机容量达到 27.28 兆瓦，主要分布在西藏等地区。其中，西藏羊八井高温地热电站装机容量 26.18 兆瓦，已持续稳定运行超过 34 年，目前年发电量稳定在 1 亿千瓦时左右，约占藏中电网的 10%，累计发电量已超过 24 亿千瓦时。截至 2017 年底，中国地热能发电装机容量为27.28兆瓦，排名世界第18位。

我国20世纪70年代以来一直在研究试验中低温地热发电，已实现300千瓦机组在工厂余热发电应用，现还能生产1500千瓦机组，但在该技术领域没有显著的市场扩大和应用进步，与世界先进水平存在差距。国家863计划“地热发电机组模块化关键技术与示范性研究”课题已经启动，预期将在中低温地热发电领域取得明显突破。

增强型干热岩发电开发利用潜力巨大，有关部门、科研单位、部分企业等都开始了干热岩勘探开发的相关工作。目前，我国启动了“干热岩热能开发与综合利用关键技术研究”，这是该领域的国内第一个863项目，相关研究工作已经展开。中国地质调查局支持和编制了《全国干热岩勘查与开发示范实施方案》，按照该方案，我国将评价全国干热岩资源与潜力，找出优先开发靶区，建立干热岩勘查示范基地，形成我国干热岩勘查开发的关键技术体系，推进我国干热岩技术商业化。这一过程共分三个阶段完成，其中2013—2015年是第一个阶段，这个阶段将评价重点地区干热岩资源数量与品级，圈定干热岩靶区，初步建立干热岩勘查开发试验研究基地。山东、青海、广东等省也开展了干热岩调查项目，力图查明地区干热岩的岩性构造和热物理特征，圈定干热岩分布范围，估算地热资源量，提出干热岩开发利用区划，为干热岩资源的开发利用提供依据。

7.3.2 中低温地热水直接利用

地热能热利用是地热能应用的主要方式，包括中低温地热水直接利用，地源热泵等。在地热能热利用量上，中国长期位列世界第一。截至2017年底，全国水热型地热能供暖建筑面积超过1.5亿平方米，其中山东、河北、河南增长较快。

我国中低温地热直接利用领域主要包括地热供暖制冷、医疗保健、洗浴和旅游度假、养殖、农业温室种植和灌溉、工业生产、矿泉水生产等，并逐步开发了地热资源梯级利用技术、地下含水层储能技术等。全国现有温泉2700余处，已开发利用约700处。全国现有地热田1048处，已开发利用259处。天津市供暖建筑面积为2100万平方米，居全国城市首位，占全市集中供暖建筑面积的6%；河北雄县通过开发利用地热能实现集中供热，满足了县城95%以上的供热需求，建成了华北首座“无烟城”，为全国开发利用地热能提供了宝贵经验；西藏阿里地区通过地热能解决了狮泉河镇集中供暖问题。

7.3.3 地源热泵应用

地源热泵的应用是各类地热能热利用方式中增长最迅速的领域，是利用地下浅层地热资源（也称地温能，包括地下水、土壤或地表水等）的既可供热又可制冷的高效节能空调系统。地源热泵通过输入少量的电能，实现低温位热能向高温位转移，冬天利用地热源向建筑物供热，夏季利用地层中的冷源向建筑物供冷。我国地源热泵自2004年以来发展迅速，年增长供暖（部分制冷）面积1800万~2300万平方米，年增长率超过30%。截至2017年底，中国地源热泵装机容量达2万兆瓦，位居世界第一，年利用浅层地热能折合1900万吨标准煤，实现供暖（制冷）建筑面积超过5亿平方米。

目前，全国31个省（区、市）均有浅层地温能开发利用工程，浅层地温能供暖/制冷的单位（住宅小区、学校、工厂等）约3400个，80%集中在华北和东北南部地区，包括北京、天津、河北、辽宁、河南、山东等省市。北京约有4000万平方米的建筑利用浅层地温能供暖和制冷，沈阳市已超过4300万平方米，山东省总开发利用面积也在3000万平方米左右。长江中下游地区，如武汉、南京等地区也在规划地源热泵的应用，且初步规划应用面积都在1000万平方米以上。

目前，我国已经具备了比较完善的开发利用浅层地热能的地源热泵工程技术、设备、监测和控制系统。我国生产热泵机组的厂商在

2010年就已超过200家，分布在山东、北京、深圳、大连、杭州、苏州、广州等地。地热源泵产品类型以水—水系统的大机组为主，主流是螺杆式压缩机+壳管式换热器，也有涡旋式压缩机+板式换热器或套管式换热器的模块式机组。设备容量以50~2000千瓦为主，有小型适应家庭使用的10千瓦机组，也有2000~3000千瓦的大型机组。除主机外，热泵相关配件厂家还有100多家，全国的设计和施工队伍超过10万人。

在节能减排的大环境下，各级政府对地源热泵技术的应用都有一定的支持政策。2010年，国土资源部和天津市人民政府共同支持在天津试点，完成了天津市浅层地热能资源评价，包括地源热泵和水源热泵的适宜区和较适宜区的划分；现在正接续开展典型示范工程建设，包括样板工程和相应的一系列地温和环境监测。中新天津生态城采用土壤源热泵，同时耦合热电冷三联供、蓄能系统等，实现供能面积24万平方米；北京奥运村采用污水源热泵实现奥运村夏季制冷、冬季供暖；上海世博轴采用土壤源热泵和江水源热泵的复合系统满足制冷需求。

7.4 地热能利用产业发展展望

根据《地热能开发利用"十三五"规划》，我国将继续发挥地热能分布广的优势，加快地热资源勘察，加强地热开发利用规划管理，提高地热能开发利用技术水平和开发利用规模，统筹规划并有序开展地热直接利用，加快浅层地温能资源开发，适度发展各类地热能发电，地热能未来发展前景良好。

在"十三五"时期，我国将新增地热能供暖（制冷）面积11亿平方米，其中新增浅层地热能供暖（制冷）面积7亿平方米，新增水热型地热供暖面积4亿平方米；新增地热发电装机容量500兆瓦。到

2020 年，地热供暖（制冷）面积累计达到 16 亿平方米，地热发电装机容量约 530 兆瓦。2020 年，地热能年利用量 7000 万吨标准煤，地热能供暖年利用量 4000 万吨标准煤；京津冀地区地热能年利用量达到约 2000 万吨标准煤。

（执笔人：张成强）

8　海洋能

8.1 海洋能资源

海洋能主要包括潮汐能、波浪能、潮流能、温差能、盐差能。1958 年，我国开展了第一次全国海洋能资源调查。1985 年，完成了第二次全国沿海潮汐能资源普查。1989 年，完成了我国沿海农村海洋能资源区划。对我国沿岸的盐差能资源和近海及毗邻海域的波浪能、温差能资源均尚未进行过正式资源调查，仅有个别学者进行过研究计算。

海洋能源总量统计与实际海域统计面积、能量计算方法及相关基础数据、能量调查方法和手段、能源品种等多种复杂因素相关。长期以来，我国海域的海洋能储量一直没有比较确切和科学的统计数据。

8.2 海洋能产业现状

8.2.1 潮汐能开发

我国拦坝式潮汐发电技术基本处于国际先进水平，目前共有江厦潮汐电站和海山潮汐电站两座电站在运行。2012 年，在海洋能专项资金支持下，龙源电力集团股份有限公司联合中国水电工程顾问集团华东勘测设计研究院、清华大学等单位，启动了电站的 1 号机组增效扩容改造，该机组单机容量将由500千瓦增加至700千瓦。2015年6月，1号机组顺利开机并网，进入试运行阶段。截至2017年1月，江厦潮汐电站1号机组运行稳定，安全运行5610小时，总发电量达到245万千瓦时。

“十二五”期间，还开展了健跳港、乳山口、八尺门、马銮湾等多个万千瓦级潮汐电站工程预可研项目。2010年进行了健跳港潮汐电站预可行性研究，并于2011年3月完成《浙江省三门县健跳港潮汐电站预可行性研究报告》。在海洋能专项资金支持下，近几年相继开展了马銮湾潮汐电站预可研、八尺门潮汐电站预可研、乳山口潮汐电站预可研、瓯飞潮汐电站建设工程预可研等工作。在潮汐发电新技术研究方面，开展了新型高效低水头大流量双向竖井贯流式机组研制、利用海湾内外潮波相位差发电、动态潮汐能技术等研究。

2015年9月，福建三沙湾潮波相位差潮汐能发电技术通过了国家海洋局科技司组织的验收；中国海洋大学承担的“福建沙埕港八尺门万千瓦级潮汐电站站址勘查及工程预可研”通过国家评审；截止到2015年12月底，已完成瓯飞潮汐电站预可行性研究报告、海域使用论证报告、海洋环境影响评价报告等工作，电站总装机容量451兆瓦，采用41台单机容量11兆瓦机组，额定水头3.5米。

8.2.2 波浪能开发

在波浪能发电技术研究方面，我国近年来主要开展了一些小功率装置（100千瓦以下）的研发试验工作，目前有超过15个波浪能装置开展了海试。在振荡浮子式装置的研发上，10千瓦鹰式装置样机经历了一年多的海试。在此基础上，我国又开发了100千瓦鹰式波浪能发电装置“万山号”，2015年11月在万山海域进行海试，截至2017年2月，累计发电超过3万千瓦时。

50千瓦浮力摆式波浪能装置在小波浪条件下能够稳定发电且生存

性好；研发的多个点吸收式波浪能装置经过海试，仍在改进。山东青岛大管岛波浪能示范工程自2011年9月开展示范运行，已为岛上居民提供24小时不间断供电和淡化水供应。中科院广州所基于鹰式技术开展的“南海海岛海洋能独立电力系统示范工程”累计发电时间超过36个月，累计发电208万千瓦时。

8.2.3 潮流（海流）能开发

我国潮流能发电技术研发起步较早，近年来，在国家863计划、国家科技支撑计划、海洋能专项资金等大力支持下，研发了十余项潮流能试验装置。随着技术的不断成熟，一些大型企业也进入了这一领域。我国主要潮流能发电技术已全面进入海试阶段，基本解决了潮流能发电技术的关键技术，发电机组的关键部件已基本实现了国产化。

浙江大学60千瓦半直驱水平轴潮流能发电装置自2014年起进行海上现场试验，累计发电超过2万千瓦时。在此基础上，又开发出了2×300千瓦潮流能发电工程样机产品化设计与制造，目前已完成优化设计。2016年7月，浙江林东模块化潮流能发电机组完成海上安装并实现发电，累计上网电量近1万千瓦时，初步探索了我国潮流能产业化之路。

哈尔滨工程大学研制的海能系列150千瓦、300千瓦、600千瓦潮流能发电装置自2012年起也相继进行了长期海试。部分在建的潮流能示范工程也相继进入建设期。2015年6月，20千瓦水平轴式潮流能装置在青岛斋堂岛开始安装及测试，目前已累计运行10个月；9月，单机容量15千瓦的竖轴直驱式潮流能发电样机在长海县开展试验运行，发电效率达到27%；12月，斋堂岛潮流能多能互补独立电力系统通过国家海洋局组织的验收，该示范项目共安装3台50千瓦风力发电装置和1套50千瓦太阳能发电装机，支持两种潮流能发电装置进行海试。

8.3 海洋能产业发展展望

总的来看，近年来我国对海洋能技术研建工作投入较大，海洋能利用技术有所突破，潮汐能技术具有较成熟的开发能力，但由于目前海洋能利用项目规模较小，还远未形成产业，相关技术仍不成熟，还需要以科技创新、示范项目推动产业发展。

2016 年 12 月，国家海洋局印发了《海洋可再生能源发展“十三五”规划》，明确提出，到 2020 年海洋能开发利用水平显著提升，科技创新能力大幅提高，核心技术装备实现稳定发电，形成一批高效、稳定、可靠的技术装备产品，工程化应用初具规模，一批骨干企业逐步壮大，产业链条基本形成，标准体系初步建立，适时建设国家海洋能试验场，建设兆瓦级潮流能并网示范基地及 500 千瓦级波浪能示范基地，启动万千瓦级潮汐能示范工程建设，全国海洋能总装机规模超过 5 万千瓦，建设 5 个以上海岛海洋能与风能、太阳能等可再生能源多能互补独立电力系统，拓展海洋能应用领域，扩大各类海洋能装置生产规模，海洋能开发利用水平步入国际先进行列。

在全球能源转型背景下，海洋能已成为可再生能源的重要组成部分。“十三五”时期，依据我国海洋能资源分布特点及海洋能开发利用基础，布局一批海洋能重点发展区域，完善配套平台建设，引导研发、设计、示范、测试、施工、运维等海洋能开发上下游相关机构向区域集聚发展，逐步构建适于推进规模化应用的海洋能发展新格局。

（执笔人：张成强）

9 储 能

9.1 产业发展现状

如图 9 - 1 所示，到 2017 年底，中国投运储能项目累计装机容量规模 29.08 吉瓦，当年新增装机容量 2.28 吉瓦，同比下降 47%。其中抽水蓄能新增装机容量 2 吉瓦，同比大幅下降 50%，占全部新增装机的 93%；累计装机规模 28.7 吉瓦，占全部的 98.7%。化学储能新增和累计装机次之，新增装机容量 146 兆瓦，同比增长 1.5%；累计装机

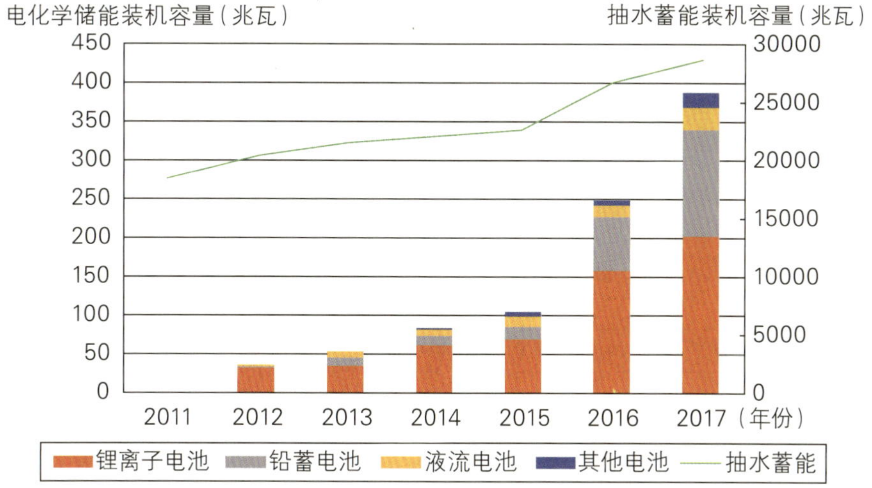

图 9 - 1 2011—2017 年中国电池储能累计装机容量

数据来源：中关村储能联盟，国家可再生能源中心

规模为389兆瓦，占全部储能装机的1.3%，相比上年提高了0.4个百分点。在电化学储能中，锂离子电池的累计装机规模占据最大比重，为52%，预计短期内中国电化学储能装机规模还将保持高速增长①。

从应用分布来看，用户侧领域的新增装机规模所占比重最大，为59%；其次是集中式可再生能源并网领域，所占比重接近25%；剩下的辅助服务占16%。从各类应用领域的技术分布看，集中式可再生能源并网领域中，锂离子电池所占比重最大，为83%；辅助服务领域中，全部应用的锂离子电池；用户侧领域中，铅蓄电池所占比重最大，为77%。而从各类技术的应用分布看，新增投运的锂离子电池在集中式可再生能源并网领域、辅助服务、用户侧的分布相对较为均衡，分别为41%、32%和27%；铅蓄电池则绝大部分都应用于在用户侧领域，所占比重超过90%。②

据中国汽车工业协会数据统计，2017年新能源汽车生产79.4万辆，销售77.7万辆，比上年同期分别增长53.8%和53.3%（见图9－2）。

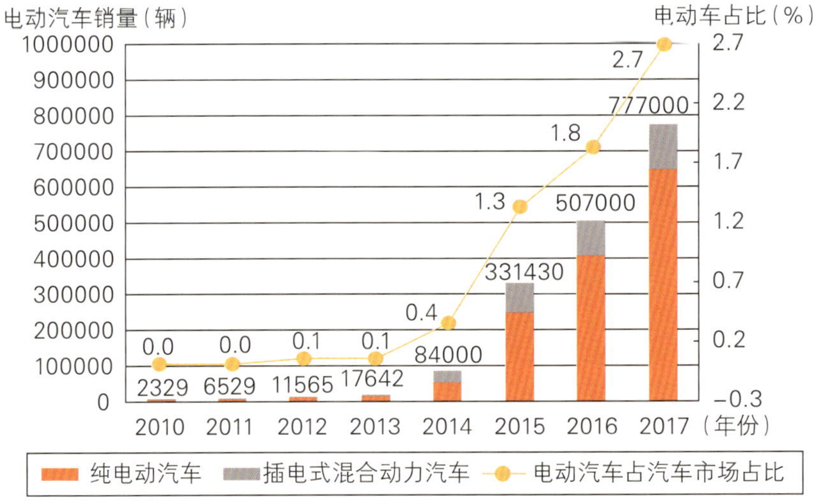

图9－2　2010—2017年中国新能源汽车销量及占比情况

数据来源：中国汽车工业协会

①② 中关村储能技术产业联盟．中国储能产业白皮书2018［Z］．

在全国汽车市场占比达到2.7%，比上年提高了0.9个百分点。其中纯电动汽车一直是新能源汽车产销的主力军，2017年实现销量65.2万辆，而且近几年的销量在全部新能源汽车中的占比逐年增加，2017年占比83.9%，比上年增加3.2个百分点，而插电式混合动力汽车的占比下降到16.1%。

细分来看，新能源乘用车中，纯电动乘用车产销分别完成47.8万辆和46.8万辆，同比分别增长81.7%和82.1%；插电式混合动力乘用车产销分别完成11.4万辆和11.1万辆，同比分别增长40.3%和39.4%。新能源商用车中，纯电动商用车产销分别完成20.2万辆和19.8万辆，同比分别增长17.4%和16.3%；插电式混合动力商用车产销均完成1.4万辆，同比分别下降24.9%和26.6%。

9.2 政策及产业发展趋势

2017年9月，国家发展改革委和能源局等五部委正式印发《关于促进储能技术与产业发展的指导意见》（发改能源〔2017〕1701号），明确了未来我国储能发展的规划和路径以及几大应用场景，明确了储能补贴政策实施路径。该意见提出储能未来10年内分两个阶段推进：第一阶段即“十三五”期间，实现储能由研发示范向商业化初期过渡；第二阶段即“十四五”期间，实现商业化初期向规模化发展转变。国家和地方直接支持政策有望在2018年陆续出台，这样的愿景也随国家认可储能技术列入电力示范申报而显得更加明确。此外，随着可再生能源规模化发展的迫切需求和电动汽车产业发展的理想预期，在国家多年持续性的政策引导下，储能的间接价值和延伸价值也将逐步被挖掘，储能在整个电力系统应用乃至能源系统应用中的作用将更加明显。

目前，电池储能在国内电力系统调频、负荷侧峰谷电价调节、电动汽车动力电池等应用场景已逐渐涌现成功的商业运营案例。如铅炭电池进行负荷侧峰谷电价充放电套利，若储能系统投资成本约1000元/千瓦时，则储能充放电静态成本约0.61元/千瓦时，低于部分地区工商业峰谷差价。以北京市工商业峰谷差为例，投资回收期为 7 年。2017 年，全国地方辅助服务市场建设相继启动，继 2016 年末东北电力辅助服务市场专项改革试点率先启动后，江苏、山东、福建、甘肃、新疆、山西、河南等省区也先后发布电力辅助服务方案。各地结合当地不同的发电和负荷特点，在调峰或调频领域构建辅助服务市场化交易机制，对储能给予与发电企业、售电企业、电力用户平等的市场主体身份。2017 年 11 月，国家能源局也制定了《完善电力辅助服务补偿（市场）机制工作方案》，提出按需扩大电力辅助服务提供主体，明确鼓励储能设备、需求侧资源参与提供电力辅助服务，允许第三方参与提供电力辅助服务。实际上，自 2016 年中《关于促进电储能参与“三北”地区电力辅助服务补偿（市场）机制试点工作的通知》确定了储能参与调峰的主体身份后，落实储能技术在辅助服务市场参与应用就成为市场关注的热点。以锂离子电池电力系统调频为例，若储能系统投资成本约 3000 元/千瓦时，则储能充放电静态成本约 0.67 元/千瓦时，若其与火电机组协同调频，则储能充放电静态收益约 1.28 元/千瓦时，已显示出一定经济效益。此外，酝酿中的微电网、电力需求侧管理及电力体制改革等也在推动不同储能商业模式的确立。随着电力市场化改革的深入，在电力用户的电能质量和供电可靠性要求日趋提升的背景下，储能技术在电力的发、输、配、用环节中调峰、调频、调压等辅助服务市场空间将会增多。

新能源汽车方面，五部委于 2017 年 9 月正式发布了《乘用车企业平均燃料消耗量与新能源汽车积分并行管理办法》（双积分政策），规定对 3 万辆以上车企从 2019 年开始设定新能源汽车积分比例要求。2019 年与 2020 年新能源汽车积分比例分别为 10% 和 12%。燃油汽车油耗积分与新能源汽车积分并行管理，车企可用新能源汽车积分抵偿油耗的负积分，从而实现新能源汽车配额与现有政策机制的融合。

补贴方面，从 2018 年起，新能源商用车补贴正式开始全面退坡。2018 年 2 月，财政部等四部门发布《关于调整完善新能源汽车推广应用财政补贴政策的通知》，进一步提高纯电动乘用车能量密度门槛要求，纯电动车的起步门槛从2017年的100千米提升至150千米。根据成本变化等情况，调整优化新能源乘用车补贴标准，合理降低新能源客车和新能源专用车补贴标准。更加鼓励高能量密度和长续航的车型，技术指标落后、续航短的产品的补贴标准则大幅降低。

总体而言，中国电力市场化虽有进展，但完整的市场化价格机制尚未形成，特别是当前峰谷价格还无法体现供需实际情况，不能完全支撑储能技术应用。辅助服务市场在各地刚开始启动，储能在电力市场中的应用价值有待深入挖掘；而以电动汽车为代表的新能源汽车产业已步入商业化发展阶段，产业的高速发展将有力带动锂电池成本的下降，反之电池技术的进步又将推动电池储能在电力系统中的应用。因此就中长期而言，电动汽车与储能产业之间存在一定协同互动关系，其互动趋势仍有待持续观察。

9.3 可再生能源与电动汽车协同发展

同为我国战略新兴产业，可再生能源与电动汽车存在巨大协同潜力。首先，电动汽车的有序接入将提高电力系统对波动性可再生能源电力的消纳能力，减少弃风、弃光电量，降低发电成本及污染物和碳排放水平；其次，对电动汽车充电负荷的有序引导将降低电力系统负荷峰谷差，提高发电机组运行效率，节约发电容量投资及燃料成本；再次，电动汽车灵活充放电可作为系统辅助服务资源，降低系统辅助服务成本；最后，对电动汽车充电进行有效管理将一定程度避免或延缓输配电投资成本。

2017年，全国弃风电量可满足超过1000万辆电动乘用车全年充电量需求。按照2030年全国电动汽车保有量达到8000万辆的预测，电动汽车每年充电需求将达到4100亿千瓦时，理论储能容量达到7亿千瓦/55亿千瓦时，其功率储能容量约为目前全国抽水蓄能装机总量的27

倍。高比例发展情景下，2030 年风电、光伏发电装机分别达到 10 亿千瓦和 11 亿千瓦，风电和光伏日均发电电量将达到 99.5 亿千瓦时。因此，仅电动乘用车的有效储能容量即可满足 49% 波动性可再生能源日发电量的存储。

专栏 9 -1　电动汽车储能技术潜力及经济性分析

为量化分析电动汽车储能技术对波动性可再生能源的消纳潜力，国家发展改革委能源所等在对 2030 年全国电动汽车市场规模预测的基础上，对电动汽车储能的应用潜力及经济性水平进行了分析。①

通过有序充电（SC）、车电互联（V2G）、电池更换（BS）、退役电池储能（RB）等方式，大量电动汽车可作为分布式储能，为电力系统提供可观的灵活性资源，进而有效提升电力系统对波动性可再生能源的消纳能力。

基于上述四种电动汽车储能方式，最终得到 2017 年、2020 年、2025 年、2030 年全国电动汽车储能理论应用潜力。其中，电动汽车车辆规模采用 2030 年全国 1 亿辆电动乘用车的预测结果。其他关键假设包括：2017 年基年电动乘用车平均电池容量为 36 千瓦时，并以每年 2% 速度提升；车用电池平均服役年限为 10 年，退役时间节点电池容量保持率为 80%；车辆能效维持在 0.15 千瓦时/千米不变，基年日均行驶里程为 40 千米。图 9 -3 给出了 2017—2030 年四类电动汽车储能方式理论储能规模预测结果，其中 SC 规模相对偏低，日均可调节量为 947 吉瓦时；V2G 规模最高，理论储能容量达到 5075 吉瓦时。由此

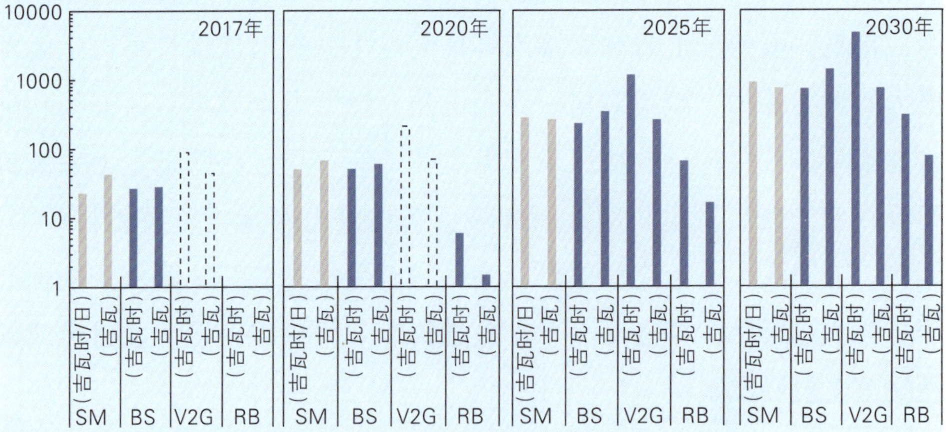

图 9 -3　2017—2030 年电动汽车储能理论应用潜力

---

① 国家发改委能源所，自然资源保护协会，中关村储能联盟．电动汽车储能技术潜力及经济性分析 [Z]．2018 -01.

可见，随着电动汽车的普及，电动汽车具有巨大储能应用潜力，以V2G为例，若2030年风电、光伏发电装机量分别达到10亿千瓦，电动汽车储电容量完全可与大规模可再生能源形成协同，对电力系统小时级平衡及可再生能源消纳起到重要的支撑作用。

图9-4为2018—2030年四类电动汽车储能平准化成本（LCOS）的预测结果，对比可见，固定电池储能虽然初期成本较低，且可能较早进入峰谷差平价（低电池成本情景），但后期成本下降速度较慢，若单纯依赖储能行业市场需求，其成本下降速度不足以使其平均平准化成本在2030年前实现峰谷价差平价。对于V2G，除常规成本因素外，电动汽车用户的参与意愿同样影响到其实际应用，预计到2025年V2G将开始得到实际应用，平均的LCOS为0.57元，低于典型地区峰谷价差水平。电池更换成本下降轨迹与V2G十分相似，该储能模式的峰谷差平价时间也因此在四种模式中出现最早（约2022年）。退役电池储能成本需要基于动力电池初始购置成本测算，从LCOS看，退役电池储能的峰谷差平价时间为2025年，此后成本下降速度相当有限。

总体而言，V2G模式储能规模潜力最大（技术尚不成熟），有序充电成本最低（潜力较小），换电池模式储能最为灵活（适用车型有限）。

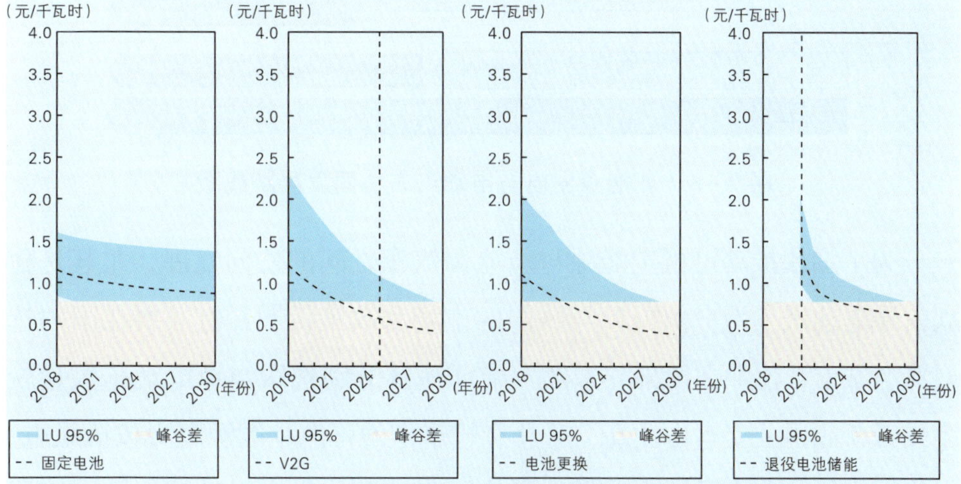

图9-4 2018—2030年四类储能模式平准化度电成本

注：图中黑色点划线分别代表固定锂电池、V2G、电池更换以及退役电池储能单位充放电1千瓦时的平准化成本；LU 95%对应的蓝色区域代表高电池投资成本及低电池投资成本预测下，LCOS上限与下限变化范围；灰色部分为国内典型峰谷差价（本书采用0.8元/千瓦时）

虽然目前中国大部分地区电力供应仍以煤电为主，但可再生能源与电动汽车协同应尽早布局，通过两者动态协同推动各自产业健康发展。在2020年前可通过可再生能源发电与车辆充电的有序衔接，在可再生能源与电动汽车重点推广地区初步实现两者协同的经济与环境价值；在2030年前，进一步通过V2G、退役电池储能等方式在全国更多地区实现可再生能源与电动汽车协同发展（见图9－5）。

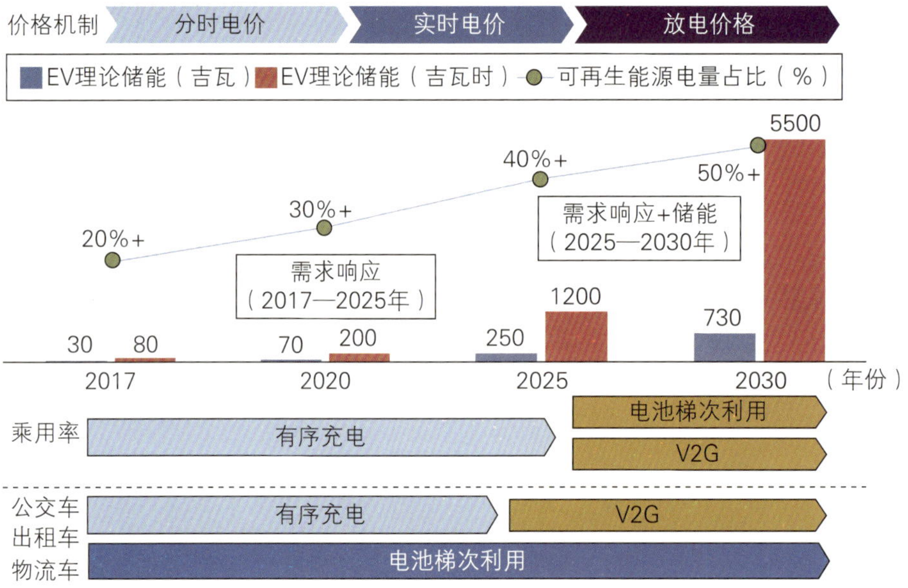

图9－5 新能源发电与电动汽车协同发展路线图

为了加快推动可再生能源与新能源汽车之间的协同发展，尤其是建立引导电动汽车用户积极参与协同的市场和政策机制，有必要在国内选取典型城市，比如在西部、东部、南部地区分别选取当地电动车数量较多或者新能源公交车占比高，且具有较丰富的可再生能源电力包括风电、光伏，或者分布式可再生能源的城市，打造新能源和电动汽车协同发展的示范城市。在示范城市内，研究更有效的价格激励政策，引导电动汽车用户或充电服务商深度参与电力市场，包括需求响应与辅助服务。通过示范，摸索出新能源发电与电动汽车协同发展的较为成熟的体制和机制，同时发现制约新能源与电动车有效协同的因素。

（执笔人：钟财富）

10　可再生能源热点问题分析

10.1 可再生能源电力消纳矛盾和建议

“十三五”以来，我国电源结构继续优化，可再生能源装机占比超过35%，可再生能源消纳总体有所改善。但是，为了落实减少煤炭消费、增加清洁能源比重、推动能源革命的战略任务，我国必须持续提高可再生能源装机和电量比重，如果不进行能源电力发展的深层次体制和机制上的改变，则消纳的难度将会越来越大，存在限电范围扩大和限电量增加的风险。

可再生能源限电问题反映了我国现行电力规划、运行和体制机制模式越来越不适应其发展的实际情况，以及体制机制方面的深层次矛盾。

10.1.1 可再生能源发展和消纳现状

（1）“十三五”以来，我国电源结构继续优化，可再生能源装机占比超过35%

据中电联统计，2017年底全国发电装机容量17.8亿千瓦，同比增长7.6%。其中，水电装机容量为3.41亿千瓦（含抽水蓄能0.29万千瓦），占全部装机容量的19.2%；并网风电装机容量1.64亿千瓦，占全部装机容量的9.2%；并网太阳能发电装机容量1.30亿千瓦，占全部装机容量的7.3%。

（2）可再生能源发电量继续保持高速增长

2017年，全国全口径发电量6.4万亿千瓦时，同比增长6.5%。其中，水电发电量1.2亿千瓦时，同比增长1.7%，占全国发电量的18.6%；并网风电和并网太阳能发电量分别为3057亿千瓦时和1182亿千瓦时，同比分别增长26.3%和75.4%，合计占全国发电量的比重达到6.6%。

（3）可再生能源消纳总体有所改善，但解决限电难度日益增大，存在限电范围扩大和电量增加的风险

通过落实可再生能源目标引导制度、实施可再生能源保障性收购制度、建立新能源消纳和投资预警制度、优化电网运行调度和火电灵活性运行、推进本地区和跨省区电力市场化交易、推动清洁能源供暖等电能替代等多重组合措施，2017年可再生能源限电情况较2016年有所好转，风、光实现了限电率和限电量双降。

2017年，全国水电设备平均利用小时数为3579小时，同比降低40小时，弃水电量515亿千瓦时；风电利用小时数1948小时，同比增加203小时，弃风电量422亿千瓦时，同比减少75亿千瓦时，弃风率12%，同比降低5个百分点，弃风范围限制在10个省区且均实现弃风率下降（见图10－1）。

全国集中式光伏电站年利用小时数为1204小时，同比增加74小时，弃光电量73亿千瓦时，同比降低2亿千瓦时，弃光率7%，同比降低4个百分点。除了黑龙江和辽宁光伏发电年利用小时数有所下降外，其他规定了风电和光伏发电最低保障性收购小时数地区的风、光年利用小时数均有不同程度的增加。

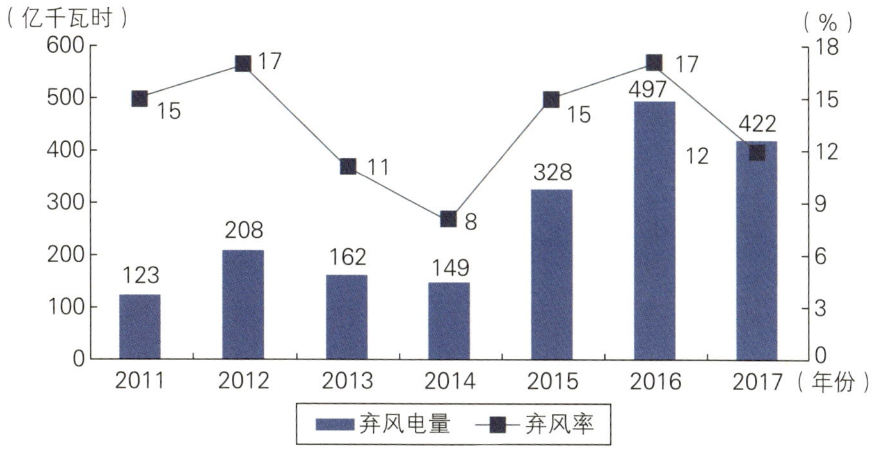

图 10－1　2011—2017 年全国弃风情况

数据来源：国家可再生能源中心

但部分地区仍存在较高的限电比例，弃风率超过 10% 的地区有甘肃（33%）、新疆（29%）、吉林（21%）、内蒙古（15%）、黑龙江（14%），弃光率超过 5% 的地区有陕西、新疆、甘肃、青海、宁夏。从风电、光伏发电最低保障收购小时数看，内蒙古、青海、河北、山西达到了规定的光伏发电最低保障收购小时数要求。新疆 I 类地区、内蒙古、辽宁、吉林Ⅳ类地区、黑龙江、河北、山西达到风电最低保障收购小时数要求。

为了落实减少煤炭消费、增加清洁能源比重、推动能源革命的战略任务，我国必须持续提高可再生能源装机和电量比重，但是如果不进行能源电力发展的深层次体制和机制上的改变，则消纳的难度将会越来越大，存在限电范围扩大和电量增加的风险。

如 2017 年分布式光伏呈现爆发式增长态势，且部分地区在局域电网中达到较高渗透率，根据国网公司数据，2017 年安徽省分布式光伏出力占区域网供负荷最大比例达到 10%，浙江嘉兴分布式光伏实时出力占地区网供实时负荷最大比例达到 69%，安徽的亳州、宿州、阜阳等地市也达到 50% 左右。考虑 2018 年及以后这些地区分布式发电有可能继续保持较大规模新增装机，如果不能统筹解决好消纳问题，则在东中部局部地区的部分时段也有可能出现限电。

10.1.2 可再生能源消纳困难原因分析

可再生能源限电问题反映了我国现行电力规划、运行和体制机制模式越来越不适应其发展的实际情况，以及体制机制方面的深层次矛盾。主要表现在以下几个方面：

(1) 电力部门规划的系统性和指导作用弱，项目建设规模和布局一定程度失衡

虽然我国颁布了能源、电力、可再生能源以及风电、太阳能等系列“十三五”发展规划，但就实施情况看，电力规划的系统性和指导作用偏弱化，规划中提出的风电、光伏发电的发展规模（2.1 亿千瓦、1.05 亿千瓦），既远低于实际发展规模和可能发展潜力，也低于《可再生能源发展“十三五”规划实施的指导意见》中提出的建设规模和布局（风电 2.4 亿千瓦，光伏为 1.6 亿千瓦 + 不限规模分布式光伏）。规模偏差一方面因存在风光开发布局失衡的情况，另一方面也因配合消纳风光的其他网源建设和运行仍按照原来的规划安排，加剧了消纳困难和矛盾。

从可再生能源项目建设布局看，“十一五”“十二五”期间国家和开发企业均偏重资源优势和集中开发模式，而风光等资源和开发与电力负荷明显逆向分布的特点，造成2015 年前后限电问题的凸显和集中爆发。

自“十二五”后半段，有关部门将风光开发重点转为分布式，无论是集中电站还是分布式发电项目建设，都将消纳尤其是就近利用放在第一位，但之前集中建设带来的问题难以即刻缓解。2017 年，“三北”地区风电累计装机和年发电量占比分别达到 74% 和 73%，光伏发电占比分别为 58% 和 66%。

从其他电源建设看，虽然近两年实施了淘汰、停建、缓建煤电的措施，但煤电装机量仍很大，产能过剩形势严峻，未来仍存在风险。

2017 年煤电等化石能源新增装机容量超过 4300 万千瓦，在全社会用电量增速 6.6% 的情况下，火电利用小时数 4209 小时，同比增加 23 小时，仅增加 0.5%。煤电新增装机超过新增电力负荷和用电量需要，而且在电力结构调整和市场化进程中需要加快调整其定位和运行方式，否则电力清洁低碳转型将成为空话。

（2）电网规划和通道建设难以满足可再生能源发电和送出需要

目前可再生能源开发的原则是就地消纳为主，但加强超高压特高压通道建设仍应持续进行，原因包括：一是对于缓解和解决历史原因造成的当前弃风弃光弃水等限电问题有效；二是从未来发展角度而言，西部和北部开发可再生能源仍有一定优势且对西部发展有积极作用；三是特高压电网通道建设应是国家电力和能源发展战略的重要组成和支撑。

但能源规划没有配套规划输电通道、配套规划灵活电源，最终造成并网难和外送难的局面。

2016 年，全国 11 条特高压线路共输送电量 2334 亿千瓦时，可再生能源占比 74%，其中 5 条纯输送水电线路输送电量 1603 亿千瓦时，3 条纯输送火电线路输送电量 253 亿千瓦时，3 条风火打捆输送为主线路输送电量 478 亿千瓦时，风光电量为 124 亿千瓦时，占比 26%。

国家可再生能源中心依据电网企业提供的资料进行了初步统计，2017 年，全国 12 条特高压线路输送电量超过 3000 亿千瓦时，其中纯送水电线路 6 条，纯送火电线路 3 条，3 条风火打捆输送为主线路风光电量在总输送电量中占比约 36%，外输电量仅为“三北”地区风光上网电量的 8%。

从 2016 年、2017 年数据看，可再生能源外送尤其是风光外送消纳的总电量和比例有限，在外送通道中电量比例有一定提升但线路输送电量仍以火电为主。技术是导致这一局面的因素之一，机制体制上需要突破和解决的问题则更多。

(3) 地方消纳责任不清，可再生能源目标引导机制需要更强化的措施予以落实

地方在发展可再生能源方面责任不清，大部分西部和北部省区在发展可再生能源方面仍存在“重发、轻网、不管用”的问题，大部分东中部省市仍然以当地火电为主，没有为输入西南和“三北”地区的可再生能源发电充分扩大市场空间。

国家自 2016 年开始实施可再生能源目标引导制度，并按年度公布全国可再生能源电力发展监测评价报告，重点是各省（区、市）全部可再生能源电力消纳情况和非水电消纳情况。但该制度为引导制度，而非约束性机制，也没有配套奖惩措施，缺乏实质约束力。如陕西 2016 年其非水可再生能源消纳占比仅为 3.8%，距 2020 年的引导性目标差距为 6.2 个百分点，而西北电网内部联络网架较强，且甘肃和新疆大量弃风弃光，即使仅靠西北电网内部打破省间壁垒，陕西非水可再生能源消纳提升空间也应该很大。

(4) 电力消纳市场机制没有完全落实

电力体制改革已经迈开步伐，但以计划电量、固定价格、分级市场、电网垄断等为特征的体系近期仍占据一定地位，这样的机制难以适应可再生能源发展的需求。

在现有机制框架下，由于水电的丰余枯缺特点和风光的波动性，仅靠本地运行调度优化已经不能解决市场消纳问题，需依赖更大范围市场消纳。而目前电力运行管理总体是以省为实体进行管理，同时跨省跨区输送未纳入到国家能源战略制定的长期跨地区送受电计划中，各地对接纳可再生能源积极性不足。

电力中长期交易、现货市场、辅助服务市场等市场机制有待完善，我国已确定了清洁能源优先发电制度和市场化交易机制，但真正落实尚有距离。

此外，目前电网企业既拥有独家买卖电的特权，又通过下属的电

力调度机构行使直接组织和协调电力系统运行的权力，拥有电网所有权和经营、输电权，不利于市场主体自由公平交易。

（5）促进消纳的价格机制和其他经济激励机制的目的和作用参差不齐，亟须规范和完善

可再生能源发电定价方面，风光等标杆电价进入电价补贴退坡轨道，但实际退坡的幅度滞后于产业发展形势和成本下降，尤其是与国际招标电价和国内光伏领跑招标电价等相比更是差距较大。

例如，风电电价水平调整虽然达到一定的下降幅度，但由于存在至少2年的建设宽限期，新并网风电项目的实际电价下降幅度有限，2017年新并网项目的度电补贴仍接近0.2元/千瓦时。分布式光伏的度电补贴在2013—2018年6年的时间仅降低0.05元/千瓦时，相当于总收益降低5%左右，而同期光伏发电系统投资水平降低了1/3以上。

较高的账面投资回报率加上希望抢到高电价的意愿，刺激企业迅速投资集中光伏电站和分布式光伏，争指标，拿项目，抢并网，如果不采取有效措施，2018年国内光伏发电市场将重现2017年的情况，进一步加大消纳难度，扩大补贴缺口。

近年来国家和地方通过市场化措施促进可再生能源本地和跨区消纳，也取得了一定的成效，但从可再生能源开发企业角度看，其实际收益反而有所下降。如东北电力辅助服务，其成本本应纳入电网购电费用，或者作为电网系统平衡成本纳入输配电价中，但实际上可再生能源开发企业已被迫降低了收益。

一些省区实施了多种形式的市场化交易，大方向正确，但交易电量是在可再生能源最低保障性小时数以内的部分，且交易电价可能低至每千瓦时几分钱。如甘肃省2016年风光市场交易电量104亿千瓦时，其中本地交易电量48亿千瓦时，占本省非水可再生能源消纳电量的36%；河北2017年以弃风电量进行清洁能源供暖，风电购电价仅为0.05元/千瓦时。

这些方式名义上为市场化交易，但实际价格主要为地方协调或主导电价，可再生能源开发企业实际收益受损，增加了可再生能源电价补贴退坡的难度。

分布式发电市场化交易机制和试点需要落实实施。2017 年 11 月，国家发展改革委启动了分布式发电市场化交易机制试点，其中“过网费”需要依据国家输配电价改革有关规定制定。

政策中明确“过网费”应考虑分布式发电市场化交易双方所占用的电网资产、电压等级和电气距离等，但实际操作中出现两种相对极端情况：一是按照文件规定直接相减，许多地方的过网费仅 0.015～0.05 元/千瓦时，不足以反映实际成本；二是如广东增城区，过网费仅仅在原有输配电价基础上降低 0.02 元/千瓦时，远高于成本且分布式发电在越低电压等级配电网范围内发电和消纳，过网费越高，与实际成本趋势相反，比价关系不合理，没有解决之前的分布式发电输配电价的公平性问题。

（6）电力系统灵活资源和调节能力未能充分挖掘和发挥作用，电力运行机制存在障碍因素

第一，我国可再生能源资源富集地区具有调节性能的水电、抽水蓄能和燃气电站等灵活电源比重不足，系统灵活性不足。如“三北”地区抽水蓄能、燃气电站等灵活调节电源比重不足 2%，特别是冬季，由于供热机组比重大，调峰能力十分有限。

第二，受设计、煤电电价机制等因素影响，我国燃煤机组最大调峰幅度普遍设定为 50%。规程规范中常规机组的最小负荷和爬坡率指标已经落后于机组实际技术水平，也远远落后于丹麦、德国等领先水平，特别是“三北”地区多为供热机组，在冬季采取传统“以热定电”运行方式，缺乏丹麦等国家的热电机组的先进调节技术，造成热电机组调峰能力受限。

第三，国内企业自备电厂装机容量上亿千瓦，这些自备电厂基本不参与电网调峰，甚至加大系统调峰压力，挤占了可再生能源消纳空间。

电力运行机制存在不适应可再生能源发展的因素：

第一，电网调度机构主要以年、月、周、日为周期制定电力运行计划，优化日前、日内和实时调度运行的潜力还没有充分挖掘，而风电、光伏大规模接入，极大地增加了日内调度计划调整的频度和工作量，需要优化调度运行，提高风光消纳的技术手段和管理措施。

第二，电网侧集中预测预报系统并未有效用于改善日内和实时等短期电力系统调度。

第三，风电、光伏发电大规模消纳需要火电、水电等常规机组提供大量调峰、调压、备用等辅助服务，但目前尚未建立合理的利益调整机制，可再生能源电力参与电力系统调峰服务的机制、权责和贡献认定及补偿机制不清（目前全部视为弃风弃光）。

第四，我国电力用户参与需求响应仍处于试点阶段，改善电网负荷特性、增加负荷侧调峰能力的市场潜力还没有得到挖掘，支持可再生能源并网消纳的灵活负荷利用机制基本空白。

10.1.3 促进可再生能源消纳的建议

10.1.3.1 改革电力发展机制，按照系统优化转型原则实行规划建设、厂网建设统筹协调

（1）建议按照系统优化转型原则研究制定中长期电力和电网规划

着眼中长期可再生能源开发和消纳需求，研究提出我国中长期电力需求、电源布局、电力流向方案，论证全国中长期电网发展技术路线，制定中长期电网布局规划，强化电网战略规划的权威性和约束力，引导可再生能源开发布局和建设时序，发挥电网在能源资源配置中的基础性作用，适应高渗透率分布式可再生能源发电及新型负荷的快速发展，加快城镇配电网规划建设和转型升级。

（2）优化发展可再生能源基地，合理开发东中部可再生能源

优化“三北”和西南地区可再生能源基地布局和结构，在电力系

统规划的基础上优先建设可再生能源电站，重点建设风光水互补运行基地，在有条件的地区积极发展光热发电等可调节可再生能源电源。不再新建常规燃煤电站，燃煤电站或热电联产项目通过灵活性改造在2020年前达到国际先进水平，全面推行燃气机组和燃煤自备电厂参与系统调峰。

在加强规划引领、健全监管、市场竞争和退出补贴的基础上，东中部地区以配电网下平衡消纳为前置条件发展分布式可再生能源，建立完善、便捷、高效的东中部分布式可再生能源开发规划、用地管理和建设运行监管制度。

（3）控制煤电新增规模，严格控制常规煤电转为热电联产

在可再生能源资源富集地区适时研究火电封存和退出机制；在可再生能源弃电严重地区切实执行所有电源的停建、缓建；严格控制系统调峰困难地区现役纯凝煤电机组供热改造，满足采暖需求的供热改造项目应同步安装蓄热装置，确保系统调峰安全；不允许新建工业项目配套建设自备燃煤热电联产项目。

10.1.3.2 发挥电网关键平台作用，提升可再生能源输电能力和比重，优化电力系统调度运行

发挥现有跨省跨区输电通道输送能力，在满足系统运行安全、受端地区用电需求的前提下，减少网络冗余，提高线路运行效率和管理水平，对可再生能源电力实际输送情况开展监测评估。

在进行一定周期的监测评估基础上，明确可再生能源电力与煤电联合外送输电通道中可再生能源占总输送电量的比重指标。优先建设以输送可再生能源为主且受端地区具有消纳市场空间的输电通道。

优化电网调度运行，充分发挥跨省区联络线调剂作用，建立省际调峰资源和备用的共享机制，促进送端地区与受端地区调峰资源互剂。利用大数据、云计算、“互联网 +” 等先进技术，建立电网侧集中预测预报体系，加强电网调度机构与发电企业在可再生能源发电功率预测

方面的衔接协同。

10.1.3.3 将目标引导制度提升并落实为实施可再生能源电力配额制度

建议强化目标引导制度实施，落实地方责任。

根据全国非化石能源占一次能源消费比重到2020年、2030年分别达到15%、20%的目标，对各地区可再生能源比重目标完成情况进行定期监测和评价。

根据《可再生能源法》、能源战略和发展规划、非化石能源比重目标，综合考虑各省（自治区、直辖市）可再生能源资源、电力消费总量、跨省跨区电力输送能力等因素，按年度确定公布各省级区域全社会用电量中的可再生能源电力消费量最低比重要求。

各类电力相关主体共同承担可再生能源发展责任，各省级电网企业及其他地方电网企业、配售电企业（含社会资本投资的增量配电网企业、自备电厂）负责完成本供电区域内可再生能源电力配额，电力生产企业的发电装机和年发电量构成应达到规定的可再生能源比重要求，建立与配额制度配套的可再生能源电力绿色证书及交易机制。

10.1.3.4 完善电力市场机制，发挥区域电网消纳空间大和可再生能源边际成本低的优势

建议强化落实可再生能源全额保障性收购制度，对于在最低保障性收购小时数以外的电量，积极开展各种形式的市场交易。电力交易中心应发挥大范围优化资源配置的优势，开展跨省区交易。建立跨省区调峰市场化机制，利用不同省区用电负荷、可再生能源发电的错时特性，挖掘跨省区调峰潜力，提升可再生能源消纳能力。

加快推进第一批电力现货市场试点建设，实现调度运行和市场交易有机衔接，形成体现时间和位置特性的电能量商品价格，为市场主体提供反映市场供需和生产成本的价格信号，促进发挥风电、光伏发电和水电边际发电成本优势，同时激励风电、光伏发电等根据市场价格信号提

升自身调节能力，减轻系统调峰压力。通过加大实施清洁能源供暖、电能替代、发挥需求响应资源优势等，增加可再生能源就近消纳电量。

10.1.3.5 完善可再生能源电价和消纳激励机制

完善可再生能源发电价格形成机制，跟踪成本变化，适时适度降低新建可再生能源发电项目补贴强度，对于风电、光伏发电等实现规模化发展的可再生能源发电，扩大招标定价范围和规模以及开展平价上网试点。

开展上网侧峰谷分时电价试点和可再生能源就近消纳输配电价试点，鼓励各类用户消纳可再生能源电量，建立与配额制度配套的可再生能源电力证书及交易机制。

完善可再生能源消纳补偿机制，在现货电力市场完全建立前，合理界定辅助服务的范畴和要求，将辅助服务费用纳入电网购电费用，或者作为电网系统平衡成本纳入输配电价。对跨省跨区输电工程开展成本监测和重新核定输电价格，在发电计划完全放开前，允许对超计划增量送电输电价格进行动态调整。

（执笔人：时璟丽、赵勇强）

10.2 以制度创新促进可再生能源电力高质量发展

2018 年 3 月，国家能源局网站公布《可再生能源电力配额及考核办法（征求意见稿）》（以下简称《办法》或《征求意见稿》），笔者参与了《办法》的研究工作。笔者认为，建立可再生能源电力配额制度，目的是建立全面的指标统计考核体系，引导地方科学制定可再生能源开发利用目标以及能源发展规划编制、实施，明确地方政府、电网企业和发电企业在促进可再生能源消纳、落实国家非化石能源发展目标方面的责任，并在此基础上建立相应的监测和评价体系，从而实现更加有效的政府事中事后监管，推动能源系统朝绿色低碳方向转型。

10.2.1 解决可再生能源发展问题需要重大制度创新

截至2018年2月，全国规模以上水电发电装机容量达到29887万千瓦，风电并网装机容量达到16725万千瓦，太阳能发电并网装机容量达到13879万千瓦，生物质能发电并网装机容量达到1565万千瓦，全国可再生能源发电总装机容量达到62056万千瓦，占全国规模以上电厂总发电装机容量的36.4%。2017年全国可再生能源发电量超过1.6万亿千瓦时，占全国规模以上电厂发电量的25.6%。

最近十年，在各项配套政策的共同推动下，我国可再生能源产业实力明显增强，技术进步明显，设备制造和产业服务体系不断完善，开始步入全面、快速、规模化发展的新阶段。同时，当前我国可再生能源进一步发展的瓶颈已从过去技术装备和开发建设能力方面的约束转变为市场和体制方面的制约，突出体现为水电、风电、太阳能发电的电网接入和市场消纳困难。解决这些问题仅靠常规政策手段已经很难奏效，必须进行重大的制度创新。制定可再生能源电力配额制政策适应了制度创新的要求。

可再生能源电力配额制的实质是对全社会电力消费提出约束性的可再生能源电力比例指标，省级能源管理部门按照国家法律法规、规划和政策制定并采取有效的实施方案和配套政策措施，电网企业按照法律法规和政策要求完成电力消费的配额组织实施任务。这可在以下三个方面为可再生能源发展提供制度保障：

一是明确可再生能源优先发展的法律要求。对全国和各省级区域提出明确的、可考核的可再生能源在电力消费中的比例指标，促使国家能源发展战略、国家和地方的能源规划、能源生产布局、能源输送及运行、终端能源消费方式必须以完成可再生能源电力配额指标为前提统筹协调。

二是确保国家和地方的能源相关政策必须满足实现可再生能源发展目标的需要。可再生能源配额制明确了国家可再生能源发展的战略目标，对各省级区域提出可再生能源电力利用的约束性要求，促使国家制定目标明确、协调一致的可再生能源相关政策，破除阻碍可再生能源发展的政策和体制障碍，地方能源管理部门在落实政策和管理中必须做到保障可再生能源优先开发利用。

三是推动电力等能源体系向适应可再生能源大规模开发利用的方向转变。明确完成服务区域内可再生能源电力配额指标的实施责任主体为各类电网企业，促使电网企业按照接纳可再生能源电力的约束性要求对电力系统的配置和运行方式进行优化调整。在对电力系统生产运行的管理方面，彻底根除阻碍可再生能源有效利用的不合理做法。对智能电网、储能技术、需求侧智能用电、分布式发电应用等领域的发展起到推动作用。

10.2.2　中国可再生能源电力配额制度总体框架设计

我国建立并实施可再生能源电力配额制其实是一套基于《可再生能源法》的关于可再生能源发展的政策体系，不仅包含对各类电网企业等电力市场义务主体配额义务的规定，还包括合格技术的选择、配额义务承担主体的确定、配额指标的制定、证书制度、考核监管机制的建立等内容及相应制度。

（1）配额义务承担主体的确定

全球实行配额制的国家中，大多数承担主体为供电商。目前我国售电市场尚未实现完全放开，电网企业在售电市场中所占份额较大，从管理方面看，组织方式也较为清晰。《征求意见稿》明确各省级电力公司、地方电网企业、其他各类配售电企业（含社会资本投资的增量配电网企业）、自备电厂、参与电力市场交易的直购电用户等市场主体承担可再生能源电力配额义务。

（2）配额指标的制定

配额指标是具有约束性的指标，有绝对量和相对量两种。绝对量一般选择装机容量或者发电量，而相对量可以用可再生能源装机容量占总装机容量的百分比表示，也可以用可再生能源发电量（上网电量）占总发电量（上网电量）百分比来表示。考虑到未来我国经济及能源发展的双重不确定性，为确保非化石能源发展目标的实现，政策实际执行以相对量为基础，规定配额义务承担主体应在其总电力消费中包含确定比例的可再生能源电力。

（3）配额指标的分配

可再生能源电力配额目标必须落实到各类义务主体才能实现，我国的国情决定了在国家目标和实际数量庞大的配额义务主体之间必须要有适当的层级承担中间目标。由于我国各地可再生能源资源禀赋，各省未来经济发展模式、发展速度、能源和电力消费消耗不同，可再生能源发展也将有所差别，因此从国家向各省分解可再生能源电力消纳目标也需要按照综合考虑“消纳能力、发展潜力、电网布局”的思路区别对待，对于不同发展类型的省份应当采用不同的指标分配方案。

（4）配额证书制度

为有效计量和核算可再生能源电力利用水平、提供市场化手段平衡区域间可再生能源发电和利用能力的差异，促进可再生能源消纳，《征求意见稿》引入了可再生能源电力证书制度。可再生能源电力证书是记录计量可再生能源电力的生产、消纳和交易的载体，配额义务主体通过提交足额证书作为完成可再生能源配额指标的唯一凭证。现阶段，该证书的主要功能是作为可再生能源电量的计量凭证，交易目的是作为市场化的调节手段扩大全国可再生能源消纳规模，可再生能源电力证书的转移和交易不影响可再生能源发电企业的相应电量继续享受国家可再生能源电价附加资金补贴。

（5）配额义务的监督、评估和考核方式

国务院能源主管部门负责按年度对各省级行政区域、配额义务的主体配额指标完成情况进行监督、评估和考核，并向社会公布评估考核结果。对于未达到配额指标的省级行政区域，国务院能源主管部门将从新增化石能源项目审批，可再生能源项目新增建设指标，能源类示范项目、称号授予等方面采取相应考核措施。对拒不履行可再生能源配额义务、违反可再生能源配额实施有关规定的企业，将按照相关规定，列入电力市场不良信用记录。

（执笔人：陶冶）

10.3 可再生能源消纳分析及促进建议

10.3.1 可再生能源消纳现状

（1）电源结构继续得到优化，可再生能源装机占比超过35%

据中电联统计，2017年全国发电装机容量17.8亿千瓦，同比增长7.6%。其中，水电装机容量为3.4亿千瓦（含抽水蓄能2869万千瓦），占全部装机容量的19.2%；并网风电装机容量1.6亿千瓦，占全部装机容量的9.2%；并网太阳能发电装机容量1.3亿千瓦，占全部装机容量的7.3%。

2017年，全国全口径发电量64179亿千瓦时，同比增长6.5%。其中，水电发电量11945亿千瓦时，同比增长1.7%，占全国发电量的18.6%；并网风电和太阳能发电量分别为3057亿千瓦时和1182亿千瓦时，同比分别增长26.3%和75.4%，合计占全国发电量的比重达到7%。

（2）可再生能源消纳总体有所改善

2017年，全国水电设备平均利用小时数为3579小时，同比降低40小时；全年弃水电量约为515亿千瓦时，四川、云南仍是弃水比较集中的地区，但弃水形势有所好转。全国风电利用小时数约为1942小时，同比增加186小时；全国总弃风电量422亿千瓦时，同比减少

75 亿千瓦时，弃风率约为 12%，同比下降 5 个百分点，实现弃风电量和弃风率“双降”。分地区看，大部分弃风限电严重地区的形势均有所好转，其中甘肃弃风率下降超过 10 个百分点，吉林、新疆、宁夏、内蒙古、辽宁弃风率下降超过 5 个百分点，黑龙江弃风率下降接近 5 个百分点，但新疆、内蒙古和甘肃弃风仍较为严重，弃风电量分别达到 133 亿千瓦时、95 亿千瓦时和 92 亿千瓦时，特别在冬季，弃风率仍然较高。

2017 年，全国集中式光伏电站平均利用小时数约为 1204 小时，同比上升 74 小时；光伏发电利用小时数较高的地区主要集中于内蒙古（1617 小时）、青海（1514 小时）、四川（1455 小时）、山西（1371 小时）和云南（1345 小时）等地；全国弃光电量 73 亿千瓦时，同比减少 2 亿千瓦时，弃光率下降到 7%，同比下降 4 个百分点，同样实现弃光率和弃光电量双降；弃光严重的新疆（不含兵团）、甘肃、青海和宁夏弃光电量分别为 28.2 亿千瓦时、18.5 亿千瓦时、7.5 亿千瓦时和 4.8 亿千瓦时，弃光率分别为 22%、20%、6% 和 6%，同比分别下降 9.3 个、9.8 个、2.1 个和 0.9 个百分点，仅陕西弃光电量 5.1 亿千瓦时，弃光率 9%，同比上升 4.4 个百分点（见图 10－2）。

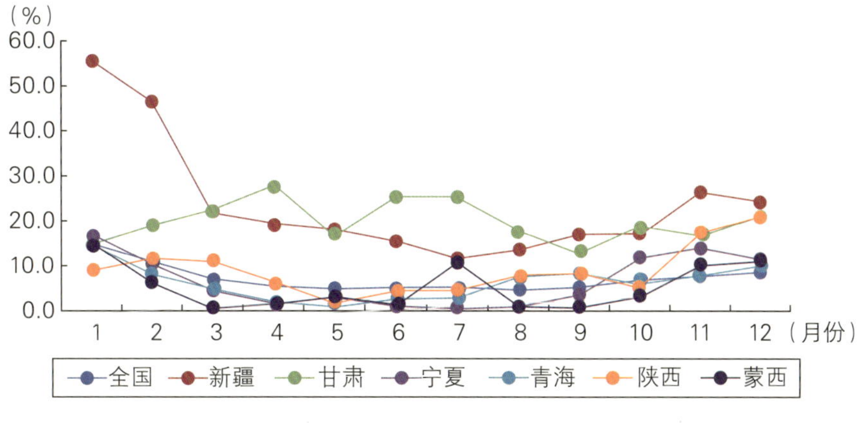

图 10－2　2017 年 1—12 月部分省（区）弃光比例

10.3.2 阻碍可再生能源消纳深层次原因分析

从深层次看，弃水、弃风、弃光问题反映了我国现行电力规划、运行和体制机制模式越来越不适应可再生能源的发展，反映了我国电力规划机制、运行模式、电力市场体制的深层次矛盾。主要体现在以下六方面：

（1）电力系统和电网规划难以满足可再生能源发电和送出的需要

当前我国电力规划方法和准则仍基于传统计划经济方式，未能考虑波动性电源特性及优先并网消纳需求，迫切需要系统研究改进规划方法以及修订和编制相关标准。我国可再生能源发展存在“重发、轻网、不管用”的问题，可再生能源规划没有配套规划输电通道、配套规划灵活性电源，最终造成并网难和外送难的尴尬局面。在电力规划原有问题没有解决的情况下，风电、光伏发电出力的随机性、波动性以及水电出力的季节特性，使得传统规划统筹协调和前瞻性不足等问题更加突出。

长期以来，可再生能源与常规电源、灵活电源在规划和项目安排上缺乏统筹协调，其他电源开发布局、结构也从没有考虑大规模可再生能源并网消纳的市场空间。风电、太阳能发展规划也缺乏系统性，主要以资源条件为导向，缺乏对市场消纳、布局优化、建设时序的深入研究，没有考虑可再生能源与电网的协调规划。东中部电力发展仍然以当地火电为主，没有为输入西南和“三北”地区可再生能源发电规划利用空间。

（2）可再生能源发展长期偏重资源优势和集中开发模式

我国可再生能源发电资源与电力负荷呈现明显的逆向分布，水电资源主要分布在西南地区，风电资源主要集中在“三北”地区，太阳能资源主要分布在西北区域，因此，水风光主要以大型基地集中开发为主。然而受经济发展水平制约，水风光资源集中地区电力需求往往不足，需要依赖外送通道进行消纳。

从技术角度讲，一方面受电力系统稳定性约束，电力以就近利用最为高效经济；另一方面伴随产业结构调整带来的负荷峰谷差不断增大，大型电力系统不能灵活跟踪负荷变化的问题不断显现。同时，电网的负荷率逐年下降，发输电设施的利用率也呈现下降的趋势。

因此，当前可再生能源大型基地为主的发展模式限制了水电、风能、太阳能、燃气等多种能源的互补性的发挥，在电力需求增长不旺和外送通道有限的背景下，可再生能源主要依靠集中开发和跨省、跨区利用的发展模式显然不适应当前能源供需形势。

（3）电力系统灵活资源和调节能力未得到充分挖掘

第一，我国可再生能源富集地区，电源结构多以传统燃煤火电为主，有调节性能的水电、抽水蓄能和燃气电站等灵活电源比重不足，系统灵活性欠缺。比如，我国风电开发集中的“三北”地区电源结构单一，抽水蓄能、燃气电站等灵活调节电源比重不足2%，特别是冬季由于供热机组比重大，调峰能力十分有限，制约了可再生能源电力的消纳，造成了严重弃风问题。

第二，受设计等因素影响，我国燃煤机组最大调峰幅度普遍设定为50%。目前我国规程规范中常规机组的最小负荷和爬坡率指标已经大大落后于机组实际技术水平，更远远落后于丹麦、德国等国际领先水平。特别是“三北”地区多为供热机组，在冬季采取传统“以热定电”运行方式，缺乏丹麦等国的热电机组先进调节技术，造成热电机组调峰能力严重受限。

第三，我国企业自备电厂装机容量上亿千瓦，这些自备电厂基本不参与电网调峰，甚至加大系统调峰压力，挤占了可再生能源消纳空间。同时国际经验证明，需求侧响应是增加电力灵活性的重要手段，但我国需求侧响应还处于研究示范阶段，未能发挥真正作用。

（4）电力运行机制存在不适应可再生能源发展的因素

我国电力市场建设仍处于初期阶段，电力运行调度很大程度上沿用计划指导方式。

第一，目前电网调度机构主要以年、月、周、日为周期制定电力运行计划，优化日前、日内和实时调度运行的潜力还没有充分挖掘。风电、光伏大规模接入，大幅增加了日内调度的频度和工作量，对过去基于传统可调电源的调度运行管理模式带来了极大冲击，缺乏最大限度优化调度运行、提高可再生能源消纳的技术手段和管理措施。

第二，目前电网侧尚未建立风、光集中预测预报系统，无法有效改善日内和实时等短期电力调度。

第三，风电、光伏发电大规模消纳需要火电、水电等常规机组提供大量调峰、调压、备用等辅助服务，但目前我国尚未建立现代电力市场和辅助服务激励机制，常规电源参与系统调峰积极性不高，可再生能源电力参与电力系统调峰服务的机制、权责以及补偿措施不清（目前全部视为弃风弃光）。

第四，我国电力用户参与需求响应仍处于试点阶段，改善电网负荷特性、增加负荷侧调峰能力的市场潜力还没有得到挖掘，支持可再生能源并网消纳的灵活负荷利用机制基本空白。

（5）可再生能源电力消纳市场和机制没有完全落实

未来，随着西南和“三北”地区水电、风电、太阳能发电开发规模继续增长，市场消纳空间已成为可再生能源利用的最大瓶颈，现有以“计划电量”“固定价格”“省级市场”“电网垄断”等为特征的体系已不能适应高比例可再生能源发展需求。在现有机制框架下，由于水电的“丰余枯缺”特点和风电的“波动性”，仅靠本地运行调度优化已经不能解决市场消纳问题，需依赖更大范围的市场平衡接纳。

然而，当前我国的电力运行管理总体是以省为实体，跨省跨区输送未纳入到国家长期能源战略制定的送受电计划中，各地对接纳可再生能源积极性不高。国网、南网和蒙西电网之间的可再生能源电力输送和消纳也存在严重的市场障碍。

（6）电力市场化程度低、监管和法律建设弱

由于我国电力体制改革仍未完成，电力中长期交易、现货市场、辅助服务市场等市场机制不健全，可再生能源优先发电制度和市场化交易机制也不清晰、规范。尽管《可再生能源法》规定“优先调度和全额保障性收购可再生能源发电”，但受到原有电力运行机制和刚性价格的限制，难以落实节能优先调度等行政性规定。

另外，目前我国电网企业既拥有独家买卖电力的特权，又可以通过下属的电力调度机构直接组织和协调电力运行，不利于市场的自由公平交易。

10.3.3 促进可再生能源消纳建议

（1）创新中长期电力系统规划机制

着眼中长期可再生能源开发和消纳需求，研究提出我国中长期电力需求、电源布局、电力流向方案，研究论证全国中长期电网发展技术路线，制定中长期电网布局规划，强化电网战略规划的权威性和约束力，引导全国和各省（区）可再生能源开发布局和建设时序，充分发挥电网在能源资源配置中的基础性作用，适应高渗透率分布式可再生能源发电及电动汽车等新型负荷的快速发展。

制定实施公开透明的电力规划流程、研究论证和协商机制、信息披露机制；建立电力系统规划实施、监督检查、评估考核和滚动更新机制，保障规划有效落实；坚持可再生能源优先布局消纳、系统效益最大化的原则进行科学规划，建立以省或区域以上层面的中长期电力系统评价规划技术体系。

开展适应高比例可再生能源的电力系统灵活性专项规划，更大范围释放电力系统灵活性、消纳可再生能源电力。利用大数据等技术，探索包含风险预警的规划方法，完善电力规划滚动评价调整方法。

（2）优化可再生能源开发模式

优化“三北”和西南地区可再生能源基地布局和结构，重点建设风光水互补运行基地，在有条件的地区积极发展太阳能热发电等可调节可再生能源技术。在加强规划引领、健全监管、市场竞争和退出补贴的基础上，放开东中部可再生能源电站年度计划及投资准入。

建立完善清晰、便捷、高效的东中部分散式风电、分布式光伏的开发规划、用地管理和建设运行监管制度，接入城乡配电网并在配电网下平衡消纳的分散式风电、分布式光伏不受年度指导规模限制。把防范化解煤电产能过剩风险与促进可再生能源电力有序发展有机结合在一起，在可再生能源富集地区适时研究火电封存和退出机制。

充分发挥中西部地区资源成本低的优势，配套财政、价格等支持政策，引导高耗能产业向可再生能源富集地区转移，提高可再生能源就近消纳能力。在可再生能源弃电严重的地区，鼓励多种市场主体参与，建设以消纳可再生能源为主的配电网和微电网，打通可再生能源消纳的“最后一公里”。

（3）提高电力系统调峰能力

按照国际领先水平加快推动“三北”地区煤电灵活性改造示范，逐步扩大全国煤电改造范围。结合技术创新，鼓励火电机组增加高效热储能装置，进行热储能技术改造，适应电力系统负荷的快速波动，不断提升火电调峰能力。

按照经济技术合理原则，加快华北、东北、西北地区建设抽水蓄能电站，在落实气源前提下，在华北、华东、南方等负荷集中地区建设天然气调峰电站，切实提高电力系统调峰能力。

落实可再生能源调峰机组有序发电计划奖励措施，完善有序发电计划合同交易机制，切实调动机组调峰的积极性、主动性。建立为可再生能源调峰的跨省跨区激励补偿机制，送电地区的降价空间应按一定比例用于受电省份参与调峰机组的激励补偿。

严格限制系统调峰困难地区现役纯凝煤电机组供热改造，确需供热改造满足采暖需求的，须同步安装蓄热装置，确保系统调峰安全。新建工业项目禁止配套建设自备燃煤热电联产项目。

（4）优化电力调度运行

科学编制优先发电计划，根据实际情况适当调整，保障可再生能源消纳空间。完善优先发电价格机制，可再生能源保障性收购电量之外部分坚持“保量不保价”原则；结合电力市场建设进程，优先发电可执行政府定价，也可通过市场化方式形成价格。规范可再生能源优先发电计划编制、上报、下达等工作流程，加强对计划执行的跟踪督导，确保优先发电、优先购电制度落到实处。

出台节能低碳电力调度办法，保障可再生能源优先上网，建立适应可再生能源电力特性的安全调度运行体系，开展风光水火联合调度，实现多种能源发电互补平衡。

充分发挥跨省区联络线调剂作用，建立省际调峰资源和备用的共享机制，促进送端地区与受端地区调峰资源互剂。

利用大数据、云计算、“互联网 +”等先进技术，加快建立电网侧集中预测预报体系，加强电网调度机构与发电企业在可再生能源发电功率预测方面的衔接协同，有效利用预测预报结果改善电力运行调度。开展流域综合监测，实现跨流域跨区域的统筹优化调度。

（5）完善可再生能源消纳的市场机制

在保障电网安全稳定运行和民生供热、落实可再生能源保障性收购的条件下，鼓励可再生能源发电与传统能源特别是煤电之间开展发电权交易，促进可再生能源电力多发满发。

丰富交易主体，同一发电集团内部的发电企业可优先开展发电权交易；可再生能源富集地区，要积极引导可再生能源发电与燃煤自备电厂开展发电权交易，为可再生能源腾出更多发电空间。充分利用不同省区用电负荷、可再生能源发电的错时特性，挖掘跨省区调峰潜力，提升可再生能源消纳能力。推动开展跨省区调峰市场化交易，促进跨省区调峰资源互济。鼓励各省将跨省区联络线作为省内调峰辅助市场参与主体，根据跨省区电能交易实际功率曲线对受端电网出力曲线的影响，确定补偿金额。

加快推进电力现货市场试点建设，实现调度运行和市场交易有机衔接，形成体现时间和位置特性的电能量商品价格，为市场主体提供反映市场供需和生产成本的价格信号，促进发挥风电、太阳能发电和水电边际发电成本优势，同时激励风电、太阳能发电等根据市场价格信号提升自身调节能力，减轻系统调峰压力。

（6）加强可再生能源消纳的考核和监管

组织实施全国可再生能源电力配额制实施的持续监测、年度评估和期末考核工作，公布全国监测评估或期末考核结果。加快实施电力行业的碳排放交易机制，积极发展可再生能源电力纳入核证自愿减排量（CCER）。健全权责清晰、规则统一、方式得当、执法有力的现代电力监管框架，研究引入第三方独立监管体系。

健全可再生能源企业市场信用体系建设，把电网企业消纳和央企投资可再生能源纳入业绩和社会责任考核等。建设电力企业诚信信息数据库系统和信息披露机制，发挥社会信用体系在规范可再生能源消纳方面的整体奖惩作用，将失信企业纳入“黑名单”，并向社会公布。保障可再生能源投资者、经营者、消费者合法权益。

持续提升监管效能，加强可再生能源消纳监管能力建设，创新监管方法和手段，提高监管的针对性、及时性、有效性。

（执笔人：郑雅楠）

10.4 可再生能源供热发展迫在眉睫

十九大以来，改善空气质量和生态环境已成为全社会的共识，中央财经领导小组第十四次会议提出了“推进北方地区冬季清洁取暖”的要求。为此，国家各部委出台了“北方地区清洁供暖价格政策”“北方地区冬季清洁供暖规划”等一系列政策文件，以解决北方地区冬季取暖的污染物排放问题。

在政策的推动下，北方地区各省市开始加快开展冬季取暖的“去煤”工作，“煤改电、煤改天然气”成为这一轮清洁供暖的重要手段并在北方地区蔓延开来。这种“运动式”清洁能源供暖造成了部分地区用能成本上升以及“气荒”等一系列问题，而可再生能源供热在这一轮清洁能源供暖实施过程中，因其初期投资大、建设运营相对周期长等原因逐渐被边缘化。因此，如何借助当前清洁能源供暖的大好机遇加速可再生能源供热发展迫在眉睫。

10.4.1 可再生能源供热发展现状

可再生能源供热主要包括太阳能热利用、生物质热电联产供热、生物质锅炉供热、中深层地热供热、热泵供热制冷（地源、水源、空气源）等技术，目前在我国已形成规模化应用，并已开始进入大范围推广应用的阶段。

2017 年，我国可再生能源供热终端能源消费量已达到 7540 万吨标准煤，约占我国可再生能源终端能源消费量的 26.5%，能源消费总量的 1.8%，在我国能源结构调整的过程中逐步发挥着越来越大的作用。

目前，可再生能源供热应用领域不断拓宽，从民用热水开始向建筑采暖、工农业热能供给等领域扩展，但新应用领域的市场拓展尚处于起步阶段。

10.4.2 可再生能源供热面临发展机遇

（1）能源消费中有大量的供热需求

我国的供热需求主要包括建筑供热和工业供热两大类。由于目前我国能源统计只考虑了商品化交易的热力，所以对于我国真实的热力消费总量缺乏统计上的精确数据。

根据对我国居民供暖、热水供应、工业热力需求等的估算，我国的终端供热能源消耗约占总能源消耗的15%以上。目前这些供热需求大部分由煤炭供应，给生态和环境带来了巨大的压力。

（2）我国有丰富的可再生能源资源

我国太阳能、生物质和地热能等资源丰富，在我国大部分地区，多种可再生能源技术都有良好的应用条件。推广应用可再生能源供热，能够有效解决城市、乡镇、农村的建筑供暖和热水供应问题，替代大量的燃煤供热，减少大气污染排放，提高人民的生活质量。

（3）可再生能源供热技术发展迅速

近年来，太阳能、地热能、生物质能供暖技术得到了规模化应用，技术发展逐步成熟，经济竞争力逐步增强，可再生能源供热的大规模推广无论从技术还是经济性上，都已经具备了一定的基础。通过可再生能源供热技术的技术进步和规模化应用，可以推动我国当前的能源结构调整和节能减排，改善空气质量和生态环境。

10.4.3 可再生能源供热面临巨大挑战

（1）可再生能源供热技术成熟度和经济性有待提高

目前，太阳能热水、太阳能供暖、生物质能锅炉、沼气、地源热泵等可再生能源供热技术的产品技术成熟，但系统集成技术尚有待优化和完善。风电清洁供暖、太阳能制冷等新兴可再生能源供热技术仍处于技术研发和试点示范阶段，智能化能源站、多种可再生能源集成技术、可再生能源与常规能源融合技术尚处于试点示范阶段。

然而，可再生能源供热的经济性还不具备市场竞争力，除太阳能热水器行业已实现完全市场化运行、具备较好的经济性外，多数可再生能源供热方式的经济性较差，仍然需要政府政策的支持。

（2）可再生能源供热技术创新亟须加快

可再生能源供热门类繁多、技术多样，发展历史和成熟度均不相同，其具有核心竞争力的技术创新体系尚未形成，缺乏系统的技术开发体系，基础研究和技术创新能力不强，关键技术和共性技术研究滞后。

在市场应用方面，缺乏相关的市场准入标准和完善的技术标准体系，现有的可再生能源供热相关技术标准和规范没有得到有效的贯彻执行；在设计、施工、验收等各阶段，还没有建立起相应的规程体系以及管理办法和技术导则，不利于可再生能源供热技术的大规模推广。

同时，由于可再生能源资源的局限性，多能互补集成技术对可再生能源供暖系统非常重要，包括各种可再生能源的互补集成技术、可再生能源与常规能源互补集成技术。这种多能互补集成系统的设计和应用亟须发展，以支撑可再生能源供热的大规模应用。

（3）热价机制对提升技术和能效水平缺乏良性激励

热价是影响可再生能源供热最核心的要素，我国还没有建立专门针对可再生能源的热价机制，在常规能源供热领域也存在成本倒挂等问题，民用供暖基本上仍沿用按照供热面积计收热费的模式，是政府指导价而不是市场价格，无法反映供热的真实成本，不能对用户产生真正的激励。

此外，我国的供热机制改革发展缓慢，供热企业之间缺乏竞争，运行管理机制落后。而可再生能源供热需要根据资源情况因地制宜的设计、建设项目，一般规模较小，需要新型管理模式和商业模式，而当前的环境不利于可再生能源供热的发展。

10.4.4 可再生能源供热亟须政策支持

（1）当前政策环境使可再生能源供热参与市场竞争面临巨大压力

为解决雾霾问题，改善空气质量，尤其是北方地区的冬季供暖问题，从中央到地方各级政府出台了一系列的激励政策，推动清洁能源供暖，这为可再生能源供热的发展提供了良好的机遇。

然而，在实际的操作过程中，各地由于都希望快速达到效果，均选择了初投资较小、易于安装、便于快速推广的电、气供暖的方式，“煤改电、煤改气”得到了迅速推广。但是，其运行费用较高，一旦补贴政策退出，终端用户尤其是广大的农村地区就有可能弃用电和气，重新“返煤”。

可再生能源供热初投资较大，推广实施周期相对较长。在这种各地政府“运动式”推动清洁能源供暖以及“重项目建设、轻项目运营”的政策环境中，处于竞争劣势，体现不出可再生能源供热运行成本低、全生命周期排放更少的优势。

（2）可再生能源供热需要针对性激励政策

可再生能源供热缺乏有效的政策支持体系。现有的支持政策分散于不同部门，在节能减排、绿色建筑、新能源城市、绿色能源县等工作中均有所涉及，在国家强制性应用、地方规划、环境保护中也有所体现，但没有形成完善系统的支持体系，不能针对可再生能源供热本身的特点进行有效的激励。

与常规能源相比，可再生能源供热市场仍然相对较小且分散，每个项目都需要因地制宜地提供供暖方案，前期投入较大，且项目建设周期相对较长，因此需要针对性的支持政策，从供暖基础设施、供热热价、运营模式等方面激励可再生能源供热的发展。

（执笔人：孙培军）

10.5 光伏发电从规模化发展迈向高质量发展

自2013年国务院颁布《促进光伏产业健康发展的若干意见》（国发〔2013〕24号）以来，在相关配套激励政策的支持下，我国光伏发电装机规模持续扩大，在电力结构中的比重不断提升，光伏产业日益壮大。

“十二五”期间，我国新增光伏装机容量4290万千瓦，“十三五”期间，光伏发电装机进一步提速，2016年和2017年两年新增装机容量达到8707万千瓦，是“十二五”新增装机容量的2倍多。我国光伏发电已成为全球光伏发电市场的引领者，新增装机连续5年全球第一，累计装机规模连续3年位居全球第一。光伏发电推动我国能源转型的作用不断增强，2017年，光伏发电量突破千亿千瓦时，在全部发电量的比重从2013年的0.3%提高到1.8%。

在应用市场需求的拉动下，我国成为光伏制造产业链完善、制造规模大、研发水平不断增强的光伏制造大国。2017年，我国多晶硅、硅片、电池片和电池组件产量占全球产量的比重分别达到53.7%、85.9%、69%和71.1%。电池转换效率不断突破，创造多个世界第一。电池生产成本不断降低，2017年组件价格相比2013年下降了35%。

然而，光伏行业在大规模发展取得诸多突破的同时，也面临着发展质量不高、发展不协调等问题，突出表现在以下四个方面：

一是补贴依赖，市场内生动力不足。光伏发电应用市场的规模化发展得益于补贴政策，但也由此形成了抢装机、重规模、轻质量、弱创新的局面，一些企业为抢工期造成光伏电站建设质量隐患，为抢规模不考虑电网送出条件和规模指标造成电站投资浪费。随着光伏发电规模化经济效应的显现，光伏发电需要逐步摆脱补贴，充分发挥市场配置资源的作用，倒逼企业创新商业模式，增强内生市场动力。

二是补贴缺口持续扩大，市场风险聚集。截至 2017 年底，可再生能源发电补贴缺口达到 1127 亿元，其中光伏补贴缺口 455 亿元，且呈逐年扩大趋势。补贴拖欠造成企业现金流紧张，光伏行业民营企业较多，大部分企业融资能力和抗风险能力普遍较弱，补贴缺口的进一步扩大将导致风险聚集，影响整个光伏产业链运行。在我国经济进入新常态、国家深入推进供给侧结构性改革提升经济发展质量的背景下，继续扩大补贴规模不利于促进光伏产业实现供给侧改革。

三是弃光限电问题依然突出。可再生能源发电装机的快速增长和电网建设相对滞后等原因造成一些地区出现弃光问题。经过多方努力，2017 年光伏发电弃光率和弃光电量双降，弃光率下降到 7%，同比下降 4 个百分点，弃光电量同比减少 2 亿千瓦时。虽然弃光现象好转，但弃光面却有所扩大，除了弃光较为严重的西北地区外，东部一些省份如山东、吉林也出现了季节性弃光。

四是产能不断扩张，市场供需失衡风险增大。在国内光伏发电应用市场需求高速增长的刺激下，光伏制造企业不断扩大产能，2017 年，我国硅片、电池片和电池组件产能分别达到 105 吉瓦、82.8 吉瓦和 105.4 吉瓦，相比 2013 年基本都扩大超过 1.8 倍。从供需形势来看，国际主要市场美国、日本等国家增速放缓，新兴市场如印度、南美及东南亚市场增量有限，国内市场规模也将放缓，未来我国光伏产业面临供需失衡风险。另外，国际贸易环境日趋复杂，2017 年我国光伏企业受到美国“201 调查”、印度反倾销调查和土耳其反倾销调查影响，光伏企业“走出去”的前景不容乐观。

光伏行业发展已进入从规模扩张转向高质量发展的新阶段，面对行业发展的矛盾和问题，2018 年，国家相关部门出台的《关于 2018 年光伏发电有关事项的通知》是落实供给侧结构性改革、推动经济高质量发展的重要举措。光伏发电从规模化发展转向高质量发展的过程必然是行业格局重构短痛向长期可持续健康发展的过程，在这一过程中，光伏发电行业主管部门和产业需在以下五个方面共同努力，解决发展中的新问题，主动适应发展新形势：

一是落实可再生能源电力配额制，形成强制绿色电力市场。强化地方政府、电网企业、参与市场交易大电力用户等市场主体消纳可再生能源的责任，为光伏发电市场交易和商业模式创新建立基础市场条件。

二是结合电力体制改革，推进分布式发电市场化交易。尽快科学核定分布式光伏过网费用，加强分布式光伏并网接入监管，推动分布式光伏交易结算平台落地。结合电力体制改革，推动配电网转变发展理念，不断完善商业模式和运行模式，使分布式光伏成为配电网重要的电力资源，成为新形势下分布式光伏发展的新突破点、新市场。

三是营造良好的营商环境，减轻企业负担。真正落实国家能源局印发的《关于减轻可再生能源领域企业负担有关事项的通知》（国能发新能〔2018〕34 号），在不合理收费、项目捆绑、费用摊派等方面加强监管，让光伏企业更加聚焦于技术和商业创新。资金是企业发展的血液，政府应推动金融机构将光伏纳入绿色金融体系，降低企业融资成本。

四是多措并举扩大消纳，严格执行可再生能源发电保障性收购制度。落实《解决弃水、弃风、弃光问题的实施方案》中明确的各项措施，多方式扩大光伏发电消纳，确保实现双降。对列入年度建设规模范围的项目，地方政府和电网企业应严格按国家核定的区域最低保障性收购小时数落实保障性收购政策；对未能落实区域，除加强监管外，还应出台相关处罚措施。

五是进一步发挥“领跑者”作用。光伏发电“领跑者”计划自 2016 年第一次实施以来效果明显，招标电价较同地区标杆电价水平下降显著，先进产能和先进技术得到规模应用，带动产业升级发展。未来，可适当扩展光伏发电“领跑者”规模，引导企业加强光伏发电系统优化设计和先进技术应用，进而推动产业整体高质量发展。

光伏产业对调整能源结构、推进能源生产和消费革命、促进生态文明建设具有重要意义。光伏产业经过从规模化发展转向高质量发展阶段的洗礼，未来光伏发电内生发展动力将不断增强，应用市场进一步扩大，光伏发电市场竞争力更强，光伏发电在我国电力结构中的比重也将大幅提高，企业技术创新更加活跃，产业结构更加合理，国际竞争力再上台阶。

（执笔人：刘建东）

11 《中国可再生能源展望2017》的主要结论

11.1 中国的能源体系正在由以煤炭为基础、高环境成本向低碳、环境友好转型

《中国可再生能源展望 2017》（CREO2017）分析了两个情景："既定政策情景"和"低于 2℃情景"。其中，既定政策情景旨在落实中国既定清洁低碳能源政策及规划目标，同时将当前政策趋势外推至 2050 年，包括"2030 年左右实现碳排放达峰并争取尽早实现达峰"；低于 2℃情景旨在落实《巴黎协定》，有效抑制温室气体排放影响，实现控制温升幅度低于 2℃目标。

该研究分析显示，中国政府已经制定了正确的战略与政策，但能源转型是否成功取决于政策是否得到强有力的执行——电力市场应该促进电力系统灵活性及可再生能源电力并网，碳价机制应该对减排二氧化碳有直接明显影响，可再生能源支持机制也应实现低成本、高效益。此外，为顺应《巴黎协定》的要求，实现低于 2℃情景，在发展可再生能源及减少煤炭消费方面都需要尽快制定更宏伟的目标。

11.1.1 实施全面能源转型战略举措

当前，中国政府已经制定了一揽子战略、政策及措施，全面推进

能源系统向可持续和低碳方向转变。坚持协调推进“四个全面”战略布局，牢固树立“五大”发展理念，统筹推进“五位一体”总体布局。“绿水青山就是金山银山”的发展理念已经植入中国政府的治国理政实践。中国政府签署《巴黎协定》，并在全球应对气候变化行动中发挥大国作用的行为，展现出了中国政府积极应对人类生存威胁因素的决心。正在进行中的全国大气污染治理行动计划、电力市场化改革和全国碳排放权交易系统建设则昭示着中国能源深度转型进程的序幕已经拉开。

11.1.2 控制煤炭消费，以合理的经济代价实现2050年高比例可再生能源发展目标

CREO2017的分析表明，如果坚定不移地执行既定政策情景，2050年煤炭消费总量将降至2016年消费水平的1/3，并确保二氧化碳（CO_2）排放于2030年之前达到峰值。2030年后CO_2排放显著降低，直至下降到2050年的50亿吨水平——约2016年排放水平的50%。2050年，非化石能源占全部一次能源供应的60%，高于国家设定目标（非化石能源占比超过一半）。同时，通过投资能源系统转型，未来能源系统的电力成本与目前严重依赖化石能源而不可持续的能源系统相比将基本一致，而能源系统的可持续性和稳定性将得到大幅提升，并且大幅降低当地、区域和全球的环境污染排放量。

11

11.1.3 积极投资带来丰厚收益

能源转型本身、电网基础设施和可再生能源技术部署应用都需要大量投资，这可能会导致短期内电力成本上升，但这些额外的成本也会带来以下效益：一是大幅改善空气质量，降低污染水平；二是难以快速提高电气化率或转向非化石能源的经济部门可享有更低化石能源价格；三是大量代表未来技术发展方向的新增高质量就业岗位，补充了传统煤炭和低端技术制造行业减少的就业岗位。这一切都与中国积极的创新战略相吻合。

11.1.4 主要驱动力：成本下降、碳定价和电力市场

全面能源转型和煤炭消费总量显著下降可在基于以下三项重要客观条件下实现：

首先，在全球和中国创新战略的驱动下，可再生能源技术发展将延续近年成本继续降低、效率提升的趋势，可再生能源技术以更低的成本实现能源供应。

其次，电力市场化改革方向坚定不移、持续深入推进，并成为确保波动性可再生能源电力并网消纳的最主要的有效手段。

最后，碳市场定价能够得到有效实施，碳排放价格将切实影响能源部门市场主体的投资决策。在CREO2017既定政策情景中，设定了逐步增加到100元/吨的碳价格水平，这将确保可再生能源尽快实现与煤电平价（见图11－1）。

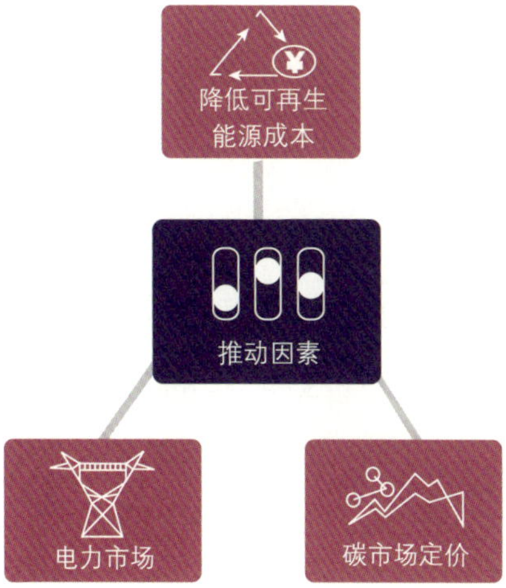

图11－1　能源供应侧转型的主要驱动力

注：驱动力包抱可再生能源成本降低、高效的电力市场和确保激励二氧化碳减排的碳定价。从终端消费看，有效的能源效率指标非常重要

11.1.5 政策的有效实施是能源转型的保障

上述政策措施和创新战略的尽早有效实施是确保能源转型平稳实

现的关键。反之，如果部分政策措施不能如期施行或方向有误，则将导致中国的能源系统将继续被化石能源技术锁定，可再生能源技术的发展及其与能源系统的整体融合将面临严重障碍。

因此，政策的执行力是关键，特别是短期战略的强有力实施将成为长期深度能源转型取得成功的关键。

11.1.6 既定政策难以支撑实现温升幅度“低于2℃”的目标

CREO2017研究结论显示，中国按照既定政策情景发展，将能够实现承诺的国家自主贡献（The Intended Nationally Determined Contributions，NDC）目标。但相对于全球应对气候目标，与大多数国家一样，既定政策情景当中的二氧化碳减排路径速度较慢且减排量不足。即使既定政策情景顺利实施，仍不能支撑全球实现《巴黎协定》设定的控制未来升温幅度“低于2℃”的目标。

基于中国二氧化碳减排展望和未来要实现“温升低于2℃”的温控目标，CREO2017分析认为，中国要满足《巴黎协定》要求就必须采取进一步的二氧化碳减排措施。综合分析国内国际相关研究成果，CREO2017假定了中国未来能源部门的二氧化碳快速减排的碳排放预算，即从2016年的100亿吨左右二氧化碳排放水平降到2020年的90亿吨、2030年的80亿吨，直至2050年的30亿吨。

11.1.7 减排需要加速行动

如果中国未来碳排放足迹遵循上述碳排放预算，则中国必须加速削减煤炭消费，更为迅速地发展可再生能源。相比于既定政策情景，CREO2017结论表明，2020年，低于2℃情景需要额外增加3.05亿千瓦的可再生能源装机容量，2050年需增加15.18亿千瓦。额外增加的发电装机初期将主要来自风电，后期则更多的来自太阳能发电技术。

在低于2℃情景下，煤炭消费量将更为快速地降低。煤电装机到

2020 年将再削减 1600 万千瓦，2050 年前削减 2.2 亿千瓦。为了促进终端用能部门的减排，在低于 2℃情景中，CREO2017 设定了相比既定政策情景更高的终端电气化率水平，特别是提高了交通部门和工业部门的电气化率。

11.1.8 需要更加积极的可再生能源和非化石能源发展目标

中国可再生能源“十三五”规划中的 2020 年可再生能源发展目标已经显现出与近期实际发展形势的差异（见表 11－1）。到 2020 年，CREO2017 展望风能、太阳能和生物质能发电装机总量将显著超出 2020 年规划目标。这表明到 2020 年的非化石能源占总能源消耗占比可望高于 15% 的预期目标，这同时可保证终端用能部门在能源系统不增加二氧化碳排放的情况下实现快速的电气化。

表 11－1 2020 年目标和情景实现结果比较

指标	“十三五”规划指标	既定政策	低于 2℃情景
总计（亿千瓦）	6.76	8.14	11.19
水力发电（亿千瓦）	3.40	3.41	3.41
风能（亿千瓦）	2.10	2.59	5.49
太阳能（亿千瓦）	1.10	1.88	2
生物质能（万千瓦）	1500	2600	2900
其他可再生能源（万千瓦）	55	58	58
占总能耗份额			
非化石能源（%）	15	19	26
煤炭（%）	58	55	51

通过对两个情景中装机容量和在“十三五”规划中主要发展目标的比较可见，两个情景的可再生能源容量规模均高于“十三五”规划目标，非化石能源占比和煤炭占比指标下降幅度均高于规划目标。

11.1.9 加强煤电灵活调度和电网互联互通

要保证更多的新增可再生能源发电容量接入电网，需要对煤电运行提出更强的灵活性要求以维持提高电力系统灵活运行，需要更灵活调度输电线路和省间电量交换。另外，还需要地方政府提高接纳和利用区外可再生能源的积极性，支持电网调度合作和联合调度。

11.1.10 煤电企业应积极适应灵活供电商的新角色

低于2℃情景明确指出目前的电力系统已不需要新增煤电装机。对于当前已经获得核准并准备开工建设的新燃煤电厂，应当在进一步加强开工审核的同时尽快颁布禁止新建煤电厂的临时禁令，从而避免大规模资产搁浅。

近中期，随着电力市场化的推进，将逐步取消年度发电计划确定的满发利用小时数（计划电量），直至最终取消年度发电计划制度。所有的发电商都需要根据电量市场的需求来决策自己的发电量。煤电厂已经开始意识到此类市场风险，特别是新建煤电厂，其面临的市场风险日渐增长，未来新建煤电厂的固定上网电价和长期购电合约将不复存在，煤电成本预期将会继续上升，竞争对手可再生能源发电成本则处于持续下降通道。

11.2 2017—2020 年的行动建议

依据 CREO2017 研究结论，并基于过去数年可再生能源产业、技术和政策方面的进步，并展望其近中期发展情况，针对中国可再生能源发展，提出以下建议：

11.2.1 可再生能源和非化石能源目标

第一，“十三五”规划中，2020 年可再生能源发展目标是应努力超越的底线目标，通过努力实现更快发展：太阳能光伏装机容量从 1.1 亿千瓦增至 2 亿千瓦，风电装机容量从 2.1 亿千瓦增至 3.5 亿千瓦，生物质能发电装机容量从 1500 万千瓦增至 3000 万千瓦，总计达到 5.8 亿千瓦。

第二，2020 年非化石能源占一次能源消费总量的比例从 15% 提升到 19%。如考虑落实《巴黎协定》提出的“温升低于 2℃”温控目标，则需要进一步提升发展目标要求。

11.2.2 加大削减煤炭力度

第一，即刻停止批准新建燃煤电厂。

第二，努力实现 2030 年煤炭消费量占全部能源消费量的比例从现在的 64% 降至 33% 左右。

第三，加快燃煤电厂灵活性改造，逐步取消年度发电计划制度。

第四，地方经济主要依赖煤炭工业的地区需要加紧制定经济发展转型升级计划。

11.2.3 加快电力部门改革

第一，扩大并加速开展竞争性电力批发市场试点和区域电力市场试点。

第二，电力市场试点要纳入跨区电网调度，打破省间壁垒。

第三，预防双边直接交易合同锁定高碳型煤电电力生产。

第四，制定中国电力市场建设的下一步清晰路线图。

11.2.4 实施碳排放权交易制度

第一，确保建立有效的全国碳市场，避免过去的制度缺陷和新增的政策障碍。

第二，制定能够确保实现碳减排目标的碳交易底价。

11.2.5 深化可再生能源经济激励机制改革

第一，近期提高可再生能源附加水平，确保转型期补贴资金需求。

第二，尽快建立实施可再生能源电力配额制度，配套实施强制性与自愿性相结合的绿色证书交易制度。

第三，更大范围地采取竞争性拍卖方式，降低大规模风电和太阳能发电项目的并网价格。

（执笔人：王仲颖等）

12 附 录

表 12－1　2017 年 1 月至 2018 年 5 月有关部门颁布的可再生能源政策

类别	时间	颁布部门	文件名称
战略规划	2017 年 1 月 23 日	国家发展改革委 国家能源局 国土资源部	关于印发《地热能开发利用“十三五”规划》的通知
项目管理	2017 年 5 月 17 日	国家能源局	关于开展风电平价上网示范工作的通知
	2017 年 5 月 27 日	国家能源局	关于加快推进分散式接入风电项目建设有关要求的通知
	2017 年 9 月 22 日	国家能源局	关于推进光伏发电“领跑者”计划实施和 2017 年领跑基地建设有关要求的通知
	2017 年 12 月 9 日	国家能源局	关于 2017 年光伏发电领跑基地建设有关事项的通知
	2018 年 3 月 26 日	国家能源局 国务院扶贫办	关于印发《光伏扶贫电站管理办法》的通知
	2018 年 4 月 3 日	国家能源局	关于印发《分散式风电项目开发建设暂行管理办法》的通知
	2018 年 5 月 18 日	国家能源局	关于推进太阳能热发电示范项目建设有关事项的通知
	2018 年 5 月 18 日	国家能源局	关于 2018 年度风电建设管理有关要求的通知

续表

类别	时间	颁布部门	文件名称
运行监管	2017 年 7 月 8 日	国家能源局 工业和信息化部 国家认监委	关于提高主要光伏产品技术指标并加强监管工作的通知
	2017 年 11 月 8 日	国家发展改革委 国家能源局	关于印发《解决弃水弃风弃光问题实施方案》的通知
	2018 年 1 月 18 日	国家能源局	关于开展光伏发电专项监管工作的通知
	2018 年 3 月 5 日	国家能源局	关于发布 2018 年度风电投资监测预警结果的通知
价格财税	2017 年 1 月 18 日	国家发展改革委 财政部 国家能源局	关于试行可再生能源绿色电力证书核发及自愿认购交易制度的通知
	2018 年 5 月 31 日	国家发展改革委 财政部 国家能源局	关于 2018 年光伏发电有关事项的通知
技术推广	2017 年 11 月 27 日	国家能源局 环境保护部	关于开展燃煤耦合生物质发电技改试点工作的通知
产业发展	2017 年 12 月 6 日	国家发展改革委 国家能源局	关于印发促进生物质能供热发展指导意见的通知

（执笔人：郭晓雄）